映画英語

監修　映画英語教育学会東日本支部

授業デザイン集

スクリーンプレイ

はじめに

「映画を使って英語を教えたい」または「学びたい」

　英語教員なら、誰もが一度は考えたことがあるのではないでしょうか？

　また中級以上の英語学習者ならば、字幕を見ないで映画を楽しみたい、という夢を誰もが持っているのではないでしょうか？

　最近評判となった映画、あるいは数々の賞を受賞した名画を使えば、次から次へと英語表現が身につき、原作やノベライズ本を利用すれば読解力も上がるはず、映画を使って聴き取り練習をすればリスニングの力がばっちりつくはず、と私達は単純に考えがちです。実際映画を使って発音練習をすればナチュラルな発話も身につきますし、作文力をつける練習方法も豊富にあります。ところが実際は必ずしも理想通りには進みません。教員側から言えば、プリントがうまく作れず悪戦苦闘し、教室で数回に分けて映画を上映したものの「今ひとつかなあ」と思ってやめてしまうことが結構多いものです。また学習者の視点に立てば、「映画を使って英語を教えてくれないかな」とふだん思っているにも関わらず、実際にそのような授業に接すると「うわあ、意外と難しいな」と敬遠してしまい、自学自習する段階まで進める人は限られた少数のみで終わってしまう場合が多いのではないでしょうか。真面目な人ほど、「映画を字幕なしで楽しむ」なんて無謀だったのかな、とあきらめがちです。ではどうすればよいのでしょうか？　答えは簡単、1人で悩まないことです。

　コミュニケーションを重視した学習指導要領の改訂に伴い、小学校から大学まで、さらには社会人向けの学校も含め、「生きた英語」

「本物の英語」の宝庫である映画（に限らず、実は英語で視聴できるテレビ・ネット映像全て）の利用価値は高まるばかりです。ところが教育の現場では一握りの教員が人知れず工夫して授業に生かしているだけで、そのノウハウは広まりません。大学生向けの映画を利用した英語テキストは存在しますけれども、果たして（よくあるパターンですが）1年間かけて1本の映画を使って英語を学んだとして、学習者は満足するでしょうか？　また映画1本をまるごと解説した書籍はありますけれど、教室の現場でそのまま利用するのは難しく、ひと工夫、ふた工夫がどうしても必要となります。

　このデザイン集にはささやかながら、授業の中で日々工夫して映画（やテレビドラマ）を利用している先生方の実践内容のエッセンスが詰まっています。いわゆる市販テキストを使う先生は少数派で、プリントを自分で作成し、独自案で授業をしている方が多数派です。文法はどう教えるのか、リスニング力をどう高めればよいのか、映画視聴後のグループワークはどうあるべきか、どの映画を使えばどの分野の語彙を増やせるのか、など多方面から映画英語にアプローチしています。先生方はこれらの授業案を参考にしてさらに改良を加え、御自身のプリントをお作りください。また、もし本書を手に取られた方が教員ではなく、中級以上の英語学習者の皆さんであるならば、本書のアイデアを盗んで（！）自分なりに英語を自学自習してみてください。難しく考える必要はありません。まずは自分で気に入ったせりふを抜き出すことから始めたらどうでしょうか？

　DVD以外にも、ケーブルTVやBS放送で気軽に映画の名作や有名なTVドラマシリーズを何度も視聴できる時代になりました。どこでも英語に接することができるのです。大海を目の前にして泳がない手はありません。

　本書の本編は4ページを単位とする25種類の授業紹介です。最初の2ページが授業内容と流れの解説で、3ページ目は原則として授業時に配布するプリント（作業内容を示す場合が多いため「ワー

クシート」と統一表記しました)、4ページ目が関連コラムです。小学校から始まって専門・一般などと分類してありますが、受講生のレベルはまちまちでしょうから、学校の分類にこだわらず、どのページにもきっとヒントが見つかると思います。本編の後には付録として授業デザイン応用編の素材になりそうな映画の「十選」リストをジャンル別に用意しました。御利用下さい。

　本書の執筆者は全員が映画英語教育学会 (ATEM = The Association for Teaching English through Movies) 東日本支部の会員です。小学校から中学・高校・大学・一般までの英語教員有志が集まりました。学会の本部は 1995 年の設立ですが、東日本支部は 2009 年 12 月に生まれたばかりです。でも会員一同、頻繁に例会を開いてお互いの授業形式を紹介しあい、研究成果を発表しては切磋琢磨しております。今回紹介致しましたのは、そのごく一部に過ぎません。この出版を機会に、英語教育・英語学習のためのノウハウを発信し続けられたら、と願っております。使えそうな映画の話、こうすればもっと学びやすくなるはずだ、という話の続きは、例会に参加してくださってこそ得られます。ウェブサイトを御参照のうえ、私達の例会にいらっしゃる皆さんが少しずつ増えていくことを執筆者一同、心待ちにしております。(東日本以外の方、他にも支部が複数ありますのでお近くの支部に御連絡ください)

　最後になりましたが、本書誕生のきっかけを作ってくださった株式会社フォーインの鈴木雅夫社長に感謝申し上げます。また編集に御尽力くださった河合利弘さん、岸本和馬さん、鈴木誠さん、鯰江佳子さんにあつく御礼申し上げます。校正に手間取っているうちに支部長が変わってしまいました。前支部長の新田晴彦先生、お世話になりました。

平成 24 年 3 月
ATEM 東日本支部
支部長　吉田雅之

目次

はじめに ………………………………………………………………………… iii

🎬 第 1 章　小学校　　11

1. 小学校高学年の動機づけを高める授業 …………………………………… 12
　　〜『ハリー・ポッターと賢者の石』を使って〜
　　　　コラム　小学生に映画を使って英語を教えるメリット

2. 英語への夢をふくらませるリスニング授業 ……………………………… 16
　　〜『チャーリーとチョコレート工場』を使って〜
　　　　コラム　チョコレート──甘くて苦い夢

🎬 第 2 章　中学校　　21

1. 英文読解を深める短編映画の活用（中3）………………………………… 22
　　〜オー・ヘンリーの『最後の一葉』を通して〜
　　　　コラム　文法導入の際に心掛けていること

2. 楽しみながらリスニング能力を高める（中3）…………………………… 26
　　〜『パイレーツ・オブ・カリビアン』で意欲を高める〜
　　　　コラム　原題と邦題の比較について

🎬 第 3 章　高校　　31

1. 自然な会話の練習（初級）…………………………………………………… 32
　　〜『バック・トゥ・ザ・フューチャー』の会話を活用して〜
　　　　コラム　アメリカ黒人大統領誕生への軌跡

2. 定時制高校生のリスニング力アップ（中級）……………………………… 36
　　〜『サウンド・オブ・ミュージック』での聞き取り活動〜
　　　　コラム　元気の源、明日を見つめて

3. 仮定法を実感させるリスニング指導（初級）……………………………… 40
　　〜『美女と野獣』を通して〜
　　　　コラム　教材としての映画『美女と野獣』

4. 映画と帰国生を活かした音読指導（中級〜上級）………………………… 44
　　〜『ゴースト ニューヨークの幻』を用いて〜
　　　　コラム　「動く辞書」Picture Dictionary

第4章　大学　49

1. リスニングとリーディングの応用学習（初級～中級） ……………………50
   ～『フォレスト・ガンプ』の愛のセリフを味わう～
   　　コラム　フォークソングで学ぶ60年代アメリカの精神

2. 看護学生の基礎文法復習（初級～中級） ……………………………………54
   ～『パッチ・アダムス』を使用して～
   　　コラム　Patch Adams とホスピタル・クラウン

3. リーディングノートを活用して映画を読み取る（初級～中級） …………58
   ～『奇跡の人』で教師を学ぶ～
   　　コラム　リーディング・ノートを使って自発的学習を促す

4. 英語はリズムにのせて（初級～中級） ………………………………………62
   ～『天使にラブ・ソングを2』よりアドバイスの表現を学ぶ～
   　　コラム　『天使にラブ・ソングを…』と黒人文化

5. 身近な英語表現・音楽関連語彙を学ぶ（初級～中級） ……………………66
   ～『スクール・オブ・ロック』で楽しく～
   　　コラム　音楽をテーマにした映画

6. IC レコーダーを活用した音読指導（初級～中級） …………………………70
   ～ DRAGONBALL EVOLUTION ～
   　　コラム　Dragonball と日本アニメのコンセプト

7. 英音声・英字幕速読読解トレーニング（初級～上級） ……………………74
   ～『プラダを着た悪魔』～
   　　コラム　ニューヨークの Meatpacking District

8. 読解・聴解を取り入れた指導（中級） ………………………………………78
   ～『刑事ジョン・ブック目撃者』で学ぶアーミッシュ文化～
   　　コラム　アーミッシュ（Armish）の歴史と文化

9. 映像を利用したリテラシー学習（中級） ……………………………………82
   ～現代コメディー『団塊ボーイズ』～
   　　コラム　Conventional Film としての『団塊ボーイズ』

10. "笑いのツボ"を探しながら英文読解練習（中級） ………………………86
    ～ジム・キャリーの『イエス・マン』～
    　　コラム　ユーモアと笑いから異文化を学ぶ

11. イングリッシュ・ライティング練習（中級～上級） ………………………90
    ～『シンデレラマン』の「記者会見報告」を英文で書く～
    　　コラム　ボクシングと米国人の'ファイティング・スピリット'

12. 印象的場面を利用した冠詞の学習（中級） ………………………………… 94
  〜『スター・ウォーズ』を通して〜
    コラム　たかが冠詞、されど冠詞

13. 総合英語学習教材として（中級） ……………………………………………… 98
  〜『ダークナイト』〜
    コラム　『ダークナイト』——トゥーフェイスの男たち

14. 映画・テレビドラマを使ってのゼミ指導の試み（中級〜上級） ………… 102
  〜『フルハウス』を中心に〜
    コラム　Dad, you are a fox.

15. 映画を利用して TOEIC を学ぶ（中級） …………………………………… 106
  〜『ジョーブラックをよろしく』〜
    コラム　英語教育に押し寄せる Globalization - TOEIC スコア

第5章　専門・一般　111

1. 教科書『保育の英会話』の補助教材として（初級） ………………………… 112
  〜『Hello! オズワルド』を用いて感情表現を定着〜
    コラム　『チャーリーと14人のキッズ』で保育英語を学ぶ

2. 英語学習サークルで学ぶ（中級） ……………………………………………… 116
  〜『ウェディング・シンガー』に見る男女の結婚観をテーマに〜
    コラム　女性の生き方を考えさせる映画

付録 121

1. IT 英語に強くなる映画 ……………………………………… 122
2. スポーツ関連映画 …………………………………………… 124
3. 医療関連映画 ………………………………………………… 126
4. SF 映画 ……………………………………………………… 128
5. アクション映画 ……………………………………………… 130
6. 音楽を楽しめる映画 ………………………………………… 132
7. ミュージカル映画 …………………………………………… 134
8. 教育をテーマにした映画 …………………………………… 136
9. 法律英語に強くなる映画 …………………………………… 138
10. 環境をテーマにした映画 …………………………………… 140
11. 歴史をテーマにした映画 …………………………………… 142
12. ラブストーリーをテーマにした映画 ……………………… 144
13. 聖書をベースにした映画 …………………………………… 146
14. イギリス文学作品をベースにした映画 …………………… 148
15. アメリカ文学作品をベースにした映画 …………………… 150
16. 児童文学をベースにした映画 ……………………………… 152
17. 小学生に好評な映画 ………………………………………… 154
18. 女性の生き方を考えさせる映画 …………………………… 156
19. 人種問題を考えさせられる映画 …………………………… 158
20. 平和問題をテーマにした映画 ……………………………… 160
21. 世界情勢をテーマにした映画 ……………………………… 162
22. TOEIC 学習に役立つ映画 ………………………………… 164
23. 日本が舞台の欧米映画 ……………………………………… 166

第1章　小学校

1. 小学校高学年の動機づけを高める授業 12
   〜『ハリー・ポッターと賢者の石』を使って〜
2. 英語への夢をふくらませるリスニング授業 16
   〜『チャーリーとチョコレート工場』を使って〜

1 小学校高学年の動機づけを高める授業
～『ハリー・ポッターと賢者の石』を使って～

ねらい
1. 児童（5、6年生）が見たい映画を授業に取り入れ、児童の英語学習に対する動機づけを高める。
2. 映画の静止画面をフラッシュカード代わりに使用して今まで学習した表現をゲームなどにより楽しみながら定着させていく。

使用映画
『ハリー・ポッターと賢者の石』(Harry Potter and the Philosopher's Stone, 2002, 152分)
孤児のハリー・ポッターが、11歳の誕生日に自分が魔法使いであることを知らされ、魔法寄宿学校に入学し、仲間たちと共に魔法について学びながら、学校内の陰謀に立ち向かっていく物語。

英語の特徴
イギリス英語であり、また、難しい語彙および表現が使われているが、映像から理解できる。

学習内容
テキストで学習した英語表現を復習できるシーンを選び、その静止した画面をフラッシュカードの代わりにゲームなどを行いながら楽しく学習する。

学習環境
テキストとしてLet's Go 4 (Oxford University Press)を使用し、ゲームなどを取り入れた授業を行う。

学習時間
25分×5回

評価
行っていない。

授業の流れ / 準備と手順

1.
『ハリー・ポッターと賢者の石』を視聴しながら、一時停止のボタンを押して、映像をフラッシュカード代わりに使いながら質問をする。

◆ あらかじめ児童が習った表現を選ぶ。その際に、1語や2語の短い会話ではっきり大きく発音されている部分を選ぶ。

◆ 一時停止ボタンを押し、その静止した画面をフラッシュカードの代わりに使う。

＜質問例１＞
人物紹介を復習させたい場合は人物がたくさん出てきている場面を、場所の前置詞を学習させたい場合は部屋などが映っている場面を使い、今まで習った表現を使って質問をし、児童に答えさせる。

＜質問例２＞
映画の中には、Thanksなど時々児童が習った表現が出てくるので、このような所で一時停止をして、What did the snake say to Harry? などと質問して答えさせる。

2.
習った英語表現を教師が発話し、児童が好きなマスにそれに関する絵を描いて、ビンゴシートを作成。

◆ 今まで行った部分を使って絵ビンゴゲームを行う。白紙の3×3のマスのビンゴシートに今日習った英語表現を教師が英語で発話し、児童が好きなマスにそれに関する絵を描いて各自がビンゴシートを作る。

3.
すべてが埋まったら、再び教師がそれらの表現をランダムに発話し、ビンゴゲームを行う。

◆ 絵を描いている間は、日本語を使わず、何度も英語でゆっくりと話す。

ワークシート

<ビンゴの問題と解答例>
My name is Harry. This is my uncle. This is my aunt. This is my cousin, Dudley. Dudley got 36 presents this year. We are eating breakfast. We went to the zoo yesterday. I saw a snake. The snake ran out of the zoo.

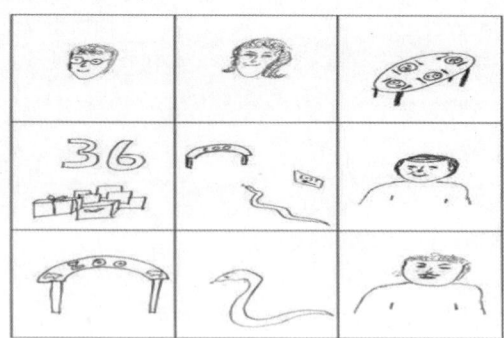

『ハリー・ポッターと賢者の石』の冒頭シーンの質問例

Q : What's his name?
A : His name is Harry Potter.

Q : Where is it?
A : It is a dining room.

Q : Who is that woman?
A : She is Harry's aunt.

Q : Who is that boy?
A : He is Harry's cousin, Dudley.

Q : How many people are there in this room?
A : There are four people.

Q : Are they eating breakfast, lunch or dinner?
A : Breakfast.

Q : Whose birthday is it?
A : Dudley's.

Q : How many presents did he get this year?
A : He got 36.

COLUMN
小学生に映画を使って英語を教えるメリット

　小学校高学年の英語学習に対する動機づけとして、色々な教授法を試み試行錯誤をしていた時のことである。映画を授業に取り入れれば彼らの興味を引くことができるのではないかと考え、映画を活用することにした。最初は、彼らの英語のレベルを考えて、日本の児童英語学習用に作られた『ジャックと豆の木』や『裸の王様』など、世界の名作ビデオを見せた。ところが、高学年の児童はそれらにほとんど興味を示さなかった。そこで、『となりのトトロ』や『千と千尋の神隠し』など日本のアニメの英語版の映画を使用した。しかし、一部の児童は楽しく視聴していたが、大半の児童はあまり興味を示さなかったため、直接彼らに、見たい映画は何か尋ねてみた。その結果、多くの児童が、その当時話題となっていたハリー・ポッターを挙げたことから、『ハリー・ポッターと賢者の石』(Harry Potter and the Philosopher's Stone, 2002)を高学年対象のクラスで使用した。その時の彼らの反応は、驚くほど真剣で、食い入るように映画を見始め、授業にも積極的に参加するようになった。

　ハリー・ポッターの映画は、かなりの英語力があっても、英語のセリフの聞き取りは非常に難しい。まして英語学習を始めたばかりの小学生にとって、ほとんど何を言っているのか分からないはずである。おそらく彼らは映像から理解しているのではないかと考えるが、セリフの理解という点では、初級レベルの英語が使われている映画を見たとしても、小学生にとってはさほど違いはないのかもしれない。そこで筆者が思う事は、映画を選択するとき、英語のレベルなどはあまり考慮しなくてもいいのではないかということである。それよりも英語学習の動機づけとして、彼らが本当に見たい映画を使用することにより、英語の授業を受けるのが楽しみになるという重要な役割が期待できると考える。

　英語学習への動機づけを促す効果はもちろんだが、習った英語の表現を映像の中に発見し、映像と共に学習することで、英語学習効果も期待できるはずである。さらなる可能性として、映像を利用したり、映像からヒントを得るなどして、彼らと一緒に教材を作ることもできるだろう。映画は、小学校の外国語活動においても、工夫次第で素晴らしい副教材となる可能性を持っている。

2 英語への夢をふくらませるリスニング授業
～『チャーリーとチョコレート工場』を使って～

ねらい
1. 思春期の少年少女（小学校高学年）に、大人と子どもの架け橋となるSFファンタジーの世界を鑑賞させて、英語圏文化への興味を高める。
2. チャーリーの家族への思いについて考えさせる。

使用映画
『チャーリーとチョコレート工場』(*Charlie and the Chocolate Factory*, 2005, 115分)
チョコレート好きの貧しい少年チャーリーは、5枚しかないチョコレートの金券を引き当て、ウィリー・ウォンカの不思議なチョコレート工場に招かれる。ほかの4人が欲望のために脱落する中で、家族思いのチャーリーは、ウィリーに気に入られ、共同経営者としての地位を獲得する。

英語の特徴
なまりのない、分かりやすいイギリス英語が話される。アメリカ出身のジョニー・デップの英語もはっきりして聞き取りやすい。

学習内容
映像の鑑賞と選んだ場面で聞き取れる単語を選ぶこと。ワークシートを使って、生徒に役を割り振り、音読させる。また内容について考えさせる。

学習環境
『チャーリーとチョコレート工場』のDVD、シアタールームや視聴覚ルームもしくはDVDプレーヤーを使用して映画鑑賞できる設備、あらかじめ作成したワークシート。

学習形態
映画鑑賞はクラス全員、音声書き取りは個人、音読はグループで、完成したシートの意味、発音、文法の確認は教師と児童間で行う。

学習時間
30分×4回

評価
小学校での英語活動は文章での評価。個々の児童の参加状況を簡単な文章で書く。

授業の流れ	準備と手順
① 『チャーリーとチョコレート工場』の場面を鑑賞する（英語音声＋日本語字幕が望ましい、何回か見る余裕がある場合は、音声と字幕の言語を状況によって取捨選択）。	◆ 基本的には映画を4回に分けて順次見せていく。必要に応じて集中して見る場面を指示する。
② ワークシートに書いてある英語が聞き取れたかどうかチェックさせる。	◆ 該当箇所のワークシートを教師側が用意する。映画の場面の解説やその場面で出てくる単語（かなふりと意味をつけて）を選ぶ。
③ ワークシートに取り出した会話の一場面を読む練習をして、クラスの中でペアや3人で会話をさせる。	◆ 音読の練習は丁寧に行う。読めない児童がいたら隣同士で教えさせる（ペアなどの組み合わせは座席を活用）。
④ いくつかのペアに前に出て演じてもらう。	◆ できれば練習段階で上手にできているペアやグループを見つけておく。
⑤ 視聴した場面で最も印象的な場面を出してもらい、なぜ選んだのか発表してもらう。	◆ 出された場面を書き出し、この映画が何をテーマにしているのかを読み取っていく。
⑥ 時間があれば印象的な場面を鑑賞（英語音声、英語字幕）。	◆ ペアの練習のときに場面を準備しておき、すぐに見せられるようにする。
⑦ ワークシートの振り返りを書いてもらう。	◆ 子どもたちがどれだけ理解できているかを把握する。

ワークシート

●ストーリーについて理解しよう。

とても貧しい家に、チャーリー・バケット少年は失業中の父と母、そして寝たきりの老人4人の7人で暮らしていました。そのチャーリー少年の家の近くには世界で一番大きなチョコレート工場があり、工場主はウィリー・ウォンカでした。このチョコレート工場が金券が5枚だけ入ったチョコレートを世界中で売り出し、世界中がその金券を求めて大騒ぎ。その結末は…。作家のロアルド・ダールが書いた作品で、ティム・バートン監督とジョニー・デップが組んで独特の世界を作り出しています。

●次の単語が聞こえたかな。聞こえたら○をつけよう。

チェック欄	単語	発音	意味
	cho colate	チョコレイト	チョコレート
	hou se	ハウス	家
	ha ir	ヘア	髪の毛
	fa mily	ファミリィ	家族

●会話を練習しよう。Chapter(チャプター) 28 (1:32.46～1:33.20)

WONKA(ウォンカ) ： Now, how many children are left?
(ナウ ハウ メニィ チルドレン アー レフト)
（ところで子どもたちは何人残っている？）

GRANPA JOE(グランパ ジョー) ： Mr. Wonka, Charlie's the only one left now.
(ミスター ウォンカ チャーリーズ ジ オンリィ ワン レフト ナウ)
（ミスター・ウォンカ、ここにいるのはチャーリーだけです）

WONKA(ウォンカ) ： You mean, you're the only one?
(ユー ミーン ユーア ジ オンリィ ワン)
（君が最後の1人ってわけ？）

CHARLIE(チャーリー) ： Yes.
(イエス)
（そうです）

●考えてみよう。

なぜチャーリー（Charlie）が最後に選ばれたのだと思いますか？

COLUMN

チョコレート──甘くて苦い夢

　チョコレートは、その味が本来同居しえないはずの相反する「甘さ」と「苦さ」を含むように、人間の甘い夢と挫折の苦さを象徴する。百科事典などによると、チョコレートは、マヤ・アステカでは「神々の食物」と呼ばれたカカオから生産され、宗教儀式、香料、薬、滋養、媚薬に用いられた。チョコレートは神聖な食物、役に立つ薬であると同時に、その色と味から悪魔を連想させる。チョコレート・ケーキは、デビル・ケーキ(Devil's Food Cake)とも呼ばれてきた。

　少年時代のチョコレートへの夢をビジネスにして大富豪になったウィリー・ウォンカのチョコレート工場は、夢の紡ぎ場所であるが、同時に野望の暗黒面も隠し持つ。イギリス原作のアメリカ映画化は、アメリカン・ドリームの原理を映像に持ち込む。幸運にもウォンカのチョコレート工場見学に招待された5人の子どもたちは、ウィリーの明かされない意図、工場の後継者選びのための過酷な選別をされる。無垢な夢見る心、家族思いの優しさをかわれて、栄冠を射止めたチャーリー少年に、チョコレートは甘い味を提供する。しかし、強欲で太ったドイツの肉屋の息子のオーガスタはチョコの滝に落ち、優勝にこだわる傲慢なポーレットはブルーベリー娘に、金持ちのわがまま娘のベルーカはゴミまみれにされ、天才を気取るマイクは紙をのした形状に変えられる仕置きを受け、チャーリー以外の4名の子どもはチョコの苦い味だけを経験する。子どもたちは、神のように君臨するウィリーの下で、チョコボールの豆のように選抜される。小柄な人種で、何千人もの同じ顔をした工場の従業員ウンパ・ルンパは、自分の顔を持つことを許されずに搾取される無名の人々(nobody)を暗示する。

　ティム・バートンの映画は、チョコレートの分離した2つの味を描くアメリカ版おとぎ話である──清らかで優しい子どもは金持ちになる甘い成功を味わい、権力者の大人に気に入られない悪い子は苦く、吐き出したくなる悪夢を見る。また搾取し、支配する側の見る甘い夢に支配され、酷使される者の苦い夢が並列して語られる。

　小学生高学年の児童にとって、子どもと大人の架け橋となる、甘いが同時に苦くもある夢を描いた、『チャーリーとチョコレート工場』は、知的好奇心と英語学習への意欲を刺激する教材である。

第2章　中学

1. 英文読解を深める短編映画の活用 ……………………………………………………22
   〜オー・ヘンリーの『最後の一葉』を通して〜
2. 楽しみながらリスニング能力を高める …………………………………………………26
   〜『パイレーツ・オブ・カリビアン』で意欲を高める〜

(中3)

1 英文読解を深める短編映画の活用
～オー・ヘンリーの『最後の一葉』を通して～

ねらい
中学3年生を対象に、英文読解の後にその映画を視聴させることによって、両者の共通点や相違点に気づかせ、より深い内容理解を導く。

使用映画
『**人生模様**』(*O. Henry's Full House*, 1952)
窓から見えるツタの葉がすべて散ったら、自分は死んでしまうと信じる病気の女性を、売れない画家が命を賭けて救う30分の短編映画。

英語の特徴
かなり古い映画だが、英語の発音もクリアで、中学生にとっても非常に聞き取りやすい。

学習方法
1. グループでテキストの英文読解をする。
2. 教員が日本語訳の解説を行う。
3. 映画を視聴する。
4. 内容理解の確認としてワークシートに取り組む。

学習環境
「The Last Leaf」(『One World 3』教育出版、1997)と併用する。可能ならば映画はコンピューター室でヘッドセットをつけて視聴する。(音声が聞き取り易いため)

学習形態
読解はグループで行い、映画視聴とワークシートは個人で行う。

学習時間
英文読解50分＋視聴25分

評 価
授業への取り組みと提出されたワークシートによって評価を行う。

授業の流れ	準備と手順
① グループで『The Last Leaf』の逐語訳。	◆ 友達と協力して日本語訳に取り組む。 ◆ 日本語訳が難しいときには質問を受けて対応する。
② 教員の解説と逐語訳。	◆ 日本語訳を発表させる。 ◆ 文法の解説は最小限に抑える。 ◆ 内容面や登場人物の理解に重点を置く。 ◆ 日本語訳を訂正させる。
③ 『The Last Leaf』のDVDを視聴させる。	◆ 可能ならコンピューター室でヘッドセットをつけて視聴させる。 ◆ 事前にコンピューター室のヘッドセットをつけた状態で、音が聞こえるかをチェックしておく。 ◆ 日本語字幕を見せながら、英語で視聴させる。 ◆ ワークシートは視聴前に配布し、視聴しながら取り組める部分には取り組ませる。
④ ワークシートに取り組ませる。	◆ 視聴終了後に、ワークシートに取り組ませる。 ◆ ほかの生徒と話し合わずに自分の考えを書かせる。 ◆ 必要に応じて、質問に答える。 ◆ 終わらない場合は宿題にするが、なるべく時間内で終わらせて提出させるようにする。

ワークシート

映画と英文を比べて、下の質問に答え、その理由を書いてください。
4：とてもそう思う　3：まあそう思う　2：あまりそう思わない　1：ほとんどそう思わない

1 英文と映画の比較について

①登場人物の名前や関係が異なっていましたが、映画の方が良かったですか？

②季節や病気になった理由が異なっていましたが、映画の方が良かったですか？

③白黒の映画でしたが、カラーの映画より良いと思いましたか？

④英文だけでは分からなかったことが映画で分かりましたか？

⑤ Mr. Behrman が「ありのまま描け」と言われたのに、自分の信念を曲げてまで最後に忠実に実行したことが、映画の方が感じられましたか？

⑥ Mr. Behrman が葉を描いたと教えなかった映画の方が良いと思いましたか？

⑦英文を読んでから映画を見ましたが、その方が良いと思いますか？

⑧英文と映画の違いについて感じたことを書いてください。

COLUMN
文法導入の際に心掛けていること

　映画を活用して文法事項の導入を試みる際、心掛けたいことが3つある。まず、できるだけ中学生に近い年ごろの登場人物が話している場面を使うことである。例えば、付加疑問文の導入に使っている『ボディガード』(*The Bodyguard*, 1992)の場合、主人公ケヴィン・コスナーの相手役ホイットニー・ヒューストンの息子が登場する場面がある。ボディガードであるケヴィン・コスナーに向かって、"You are a bodyguard, aren't you?"と話す。中学生よりは年齢が少し下だが、分かり易く感情移入が容易であり、それによって付加疑問文の導入が期待できる。

　2番目に、生徒にとって英語が聞き取りやすく、内容理解し易い場面を使うことである。例えば関係代名詞の導入に『ラストエンペラー』(*The Last Emperor*, 1987)を利用している。主人公の皇帝溥儀が、自分の結婚相手が決まった際に、家庭教師のジョンストン氏に、"I want a modern wife, Johnston, who can speak English and French. And who can dance a quick step."と言う。セリフの速さ、発音が聞き取り易く、内容的にも自分で結婚相手を選ぶのできない主人公の溥儀の寂しさを生徒たちが理解しやすく興味を引く画面である。生徒たちは何とか英語を聞き取ろうと集中する。

　最後に、教えたい文法事項が、繰り返し出てくる場面をなるべく使うようにしている。例えば、SVOOの第4文型の導入に『星の王子さま』(*The Little Prince*, 1974)を利用している。生徒の中には原作を読んでいたりする者もいて親近感があるようだ。主人公がサハラ砂漠に不時着した際に突然現れて、"Will you draw me a sheep?"と、何度も何度も主人公に羊の絵を描くように繰り返し頼む場面は、第4文型の学習にはうってつけである。

　主人公が子どもの映画はたくさんあるが、同じフレーズを何度も話す場面は少ない。その上、長い映画の中でせっかく適切な場面を発見したとしても、導入がわずか1分で終わってしまい、「長い時間をかけて準備したのに…」と思うこともある。しかし、ただの英会話教材と違って、映画には生徒を引きつける魅力がある。こちらが時間をかけて準備した分のことは、生徒にも伝わるようだ。授業で、少しでも生徒たちの目を輝かせる場面を増やしたいという思いを持って、少しずつ、導入に使える映画の場面を発見していきたいものだ。

2 楽しみながらリスニング能力を高める
〜『パイレーツ・オブ・カリビアン』で意欲を高める〜

(中3)

ねらい
中学3年生の選択英語受講者を対象に、映画を題材として学習意欲を高めつつ、実際の英語の発音や速さに注意しながら、リスニングの能力を高める。

使用映画
『パイレーツ・オブ・カリビアン/呪われた海賊たち』(Pirates of the Caribbean: The Curse of the Black Pearl. 2003, 143分)
カリブ海の港町にて、総督の娘エリザベスがバルボッサ率いる海賊にさらわれる。エリザベスを想うウィルが、一匹狼の海賊ジャックと手を組み彼女を助けようとする人気シリーズ第1作。

英語の特徴
17世紀のカリブ海が舞台であるため、海賊独自の口語表現もある。ジャックを演じたジョニー・デップはアメリカ人だが、ほかの俳優はイギリス人が多い。

学習方法
映画を鑑賞しながら英語を聞き取り、日本語のヒントを参考に、英語のスクリプトを完成させる（単語のディクテーション）。

学習環境
通常教室にテレビとDVDプレーヤーを設置し、少人数（10人弱）で教室前方に座って映画を鑑賞する。

学習形態
選択英語を受講する少人数の生徒への一斉授業。

学習時間
1コマ（50分）。スクリプトのある聞き取りは16分のみだが、時間のある限り映画の続きを楽しみながら鑑賞する。

評価
授業の参加度、ワークシートの取り組みを、選択英語全体の評価に入れる。

授業の流れ / 準備と手順

① ワークシート配布、単語の予想。
- ◆ ワークシートの英文セリフと日本語訳とを対比させ、空欄の単語にどんな単語が入るのか、予想を立てさせる。
- ◆ ほかの生徒と相談してもいいこととする。

② 映画を視聴し、単語を聞き取り、記入する。
- ◆ 映画の冒頭16分間を視聴し、予想と合っていたか確認しながら穴埋めをさせる。
- ◆ 通常教室にてDVDとテレビで視聴(英語音声、日本語字幕)。

③ 聞き取りの答え合わせ。
- ◆ 知っている語彙や文法が映画に使われていることを説明し、実感させる。
- ◆ スペルを確認する。
- ◆ 英語の音声に注意を促し、英文字幕と照らし合わせながら、繰り返し聞き取りをさせる。
- ◆ 英語の音声をまねて発音の練習をする。

④ 映画の続きの視聴。
- ◆ 楽しみながら鑑賞する。

<留意点>
- 自然な会話なのでスピードが速いが、あきらめずに易しい単語を聞き取るように指導する。
- 単語1つでも聞き取って、自信をつけさせるようにする。

ワークシート

指示：空欄に当てはまる単語を、日本語を参考に映画を見て書きなさい。

＜オープニング／黄金のメダル（～8分51秒）＞
1 エリザベス（E）は、海に浮かぶ少年を発見する。ノリントン（N）が救助する。

E ： Look! A boy! There's a （　　　） in the water!.
　　　（見て！　男の子がいるわ）

J ： Man overboard! Man the ropes. Fetch a hook. Haul him aboard.
　　　（救い上げろ　ロープを投げろ　早くしろ）

＜キャプテン・ジャック・スパロウ（～16分8秒）＞
2 ジャック（J）が波止場に入ろうとする。Murtoggs（MR）と Mullroy（ML）の2人の警備が止める。

MR ： The *Dauntless* is the power in these waters, true. But there's （　　　） ship as can match the *Interceptor* for speed.
　　　（ドーントレス号は無敵だが　スピードならこのインターセプター号だ）

J ： I've heard of one. It's supposed to be very （　　　）. Nigh uncatchable. *The Black Pearl*.
　　　（どうかな　噂ではどんな船よりも速いのは　ブラックパール号だ）

ML ： Well, there's no real ship as can match the Interceptor.
　　　（存在しない船と比べられちゃ困る）

MR ： Black Pearl is a （　　　） ship.
　　　（ブラックパールは存在する）

ML ： No. No, it's not.
　　　（バカな　伝説だよ）

MR ： Yes, it is. I've （　　　） it.
　　　（この目で見た）

COLUMN

原題と邦題の比較について

　外国の映画が日本で上映されるとき、原題を参考に邦題がつけられるが、英語の題名は日本語ではどのように表現されるのだろうか。"*Pirates of the Caribbean : The Curse of the Black Pearl*" の場合、邦題は『パイレーツ・オブ・カリビアン／呪われた海賊たち』となっている。題名はカタカナで似た音で表記し、副題は、海賊船の固有名詞は訳さずに「呪い」だけ生かし、「海賊」とタイトルの訳語を補足しアレンジして、製作者の努力が感じられる。最近の映画では、原題そのままのカタカナ音表記を邦題に用いることが多いようである。そこで、最近のヒット作品の英語原題と邦題とを分類してみた。

1. カタカナ音表記型：*Titanic*『タイタニック』（1997）／*Armageddon*『アルマゲドン』（1998）／*Avatar*『アバター』（2009）

2. カタカナ音表記と日本語訳との混合：*Harry Potter and the Chamber of Secrets*『ハリー・ポッターと秘密の部屋』（2002）／*The Lord of the Rings: The Return of the King*『ロード・オブ・ザ・リング　王の帰還』（2004）／*Star Wars: Episode II - Attack of the Clones*『スターウォーズ　エピソードII　クローンの攻撃』（2002）

3. カタカナ音表記と副題省略型：*E.T.: The Extra-Terrestrial*『E.T.』（1982）／*Terminator 2: Judgment Day*『ターミネーター2』（1991）

4. カタカナ音表記と副題追加型：*Forrest Gump*『フォレスト・ガンプ／一期一会』（1995）／*Ghost*『ゴースト　ニューヨークの幻』（1990）

5. 英語原題保存型：*Godzilla*『GODZILLA』（1998）

6. 完全変化型：*Up*『カールじいさんの空飛ぶ家』（2009）

　予想よりもカタカナ音表記だけの邦題は少なく、副題で工夫していることがよく分かる。製作者側が題名からどんなメッセージをわれわれに伝えようとしているのかを考えると興味深い。また、授業の中で、原題と邦題の違いを紹介することで、日英語比較への興味を高めることができるだろう。

第3章 高校

1. 自然な会話の練習 32
　〜『バック・トゥ・ザ・フューチャー』の会話を活用して〜
2. 定時制高校生のリスニング力アップ 36
　〜『サウンド・オブ・ミュージック』での聞き取り活動〜
3. 仮定法を実感させるリスニング指導 40
　〜『美女と野獣』を通して〜
4. 映画と帰国生を活かした音読指導 44
　〜『ゴースト ニューヨークの幻』を用いて〜

初級

1 自然な会話の練習
～『バック・トゥ・ザ・フューチャー』の会話を活用して～

ねらい
高校1年生を対象として、日常的な事柄について、映画のセリフを用いた会話練習を通し、自然な会話の練習をする。

使用映画
『バック・トゥ・ザ・フューチャー』(*Back to the Future*, 1985, 110分)
高校生のマーティは、親友の科学者ドクが発明したタイムマシンで1985年から過去の1955年にタイムスリップし、両親に出会う。スティーブン・スピルバーグ製作総指揮のSFアドベンチャー映画。

英語の特徴
会話が中学・高校でも聞きやすく、語彙・文法も分かり易い。主人公のマーティが男子高校生であることから、学校の場面も多く、生徒の生活や使われている日常会話に関する英語が豊富である。

Marty：Look at the time. You've got less than four minutes. Please, hurry!
Doc　：Yay!

学習方法
映画を視聴しながら配布するワークシートに書き込み、最後にペアワークで会話練習をする。次回の授業でそれぞれ創作した会話を発表する形式。

学習環境
シアタールームや視聴覚ルームで行う。

学習形態
1クラス20人ほどの少人数学級。

学習時間
1コマ50分の授業を2時間連続で行う。

評価
ワークシート、授業内の発言と取り組み、ペアワーク。

授業の流れ	準備と手順
① 映画について説明する。	◆ 背景となる文化の説明、身近で自然な会話例を示して、生徒の英語学習のモチベーションを上げる。 ◆ 映画の内容を理解し、登場人物の特徴をとらえる。
② DVDを視聴させる。	◆ 後でペアワークをやることを伝え、緊張感を持たせる。 ◆ 日本語字幕を見せながら、英音声で視聴し内容理解をしてから字幕を外してもう一度見る。
③ ワークシートに取り組ませる。	◆ ワークシートは視聴前に配布し、再度映像を見せてから、画像を一時停止した状態で書かせる。
④ 答え合わせと感想の共有をする。	◆ 語と語の音のつながりを中心に、発音する際に注意すべき点を説明する。モデル会話を提示する。
⑤ ペアワークで会話練習をし、それを元に新たな状況設定で会話を作る。	◆ 与えられた箇所をペアで反復練習する。一人一役(DocかMartyに分かれて)を3分で交代する。 ◆ 何組か発表させ、新たな会話を自分たちで作る。

<反復練習の方法>
- 2人1組になって役割を決め、自分のパートを暗記してロール・プレイを行う。
- 暗記のための時間を2分ほど与える。
ストップウォッチを使い、集中して暗記させる。
- 暗記がどうしても難しい生徒には、それぞれのセリフの最初の1語をメモすることを認めてもよい。
- 練習するセリフが記載されたワークシートから目を離して言えるように、ペアの相手とは徐々にアイコンタクトをするように指示する。

ワークシート

Class :   No :   Name :

遅刻の言い訳編

1 Listen to what they're saying. Fill in the blanks.

Doc   : Do you have no concept of time?

Marty : Hey, come on. I had to (1)_____. You think I'm going back that zoot suit? Doc, the old man really came through. It (2)_____.

Doc   : What?

Marty : (3)_____.

<Question>

(1) Why was Marty late?
_____

(2) When Marty arrived, what did Doc say to him?
_____

(3) What is "zoot suit"?
_____

(4) What did George do to Biff?
_____

2 自由に状況設定をし、遅刻の言い訳をする会話をペアで作ってみよう。

今どのような状況？： _____

会話文： _____

_____

_____

COLUMN

アメリカ黒人大統領誕生への軌跡

　映画『バック・トゥ・ザ・フューチャー』で主人公マーティは、タイムマシーン「デロリアン」に乗って、30年前の1955年にタイムスリップし、未来のヒル・バレー黒人市長ゴールディと出会う。いじめっ子のビフにばかにされているマーティの父ジョージ（高校生）に、カフェのウェイターだったゴールディが「ばかにされて黙っているのはやめろ。俺を見てみろ。このシケた店で俺が一生働くとでも思うか？　おまえもがんばれ。」と励ます。この皮肉がかったセリフは、生徒の受けも良い。その後のゴールディの「必ず大物になってやる。」という力強い言葉に、マーティは、「そうだよ、君は将来市長になるんだ。」と思わず呟く。「このきっかけが無かったら、きっと彼は政治家にはならなかったし、なろうとすら思わないのではないか。」という反応をする生徒がいた。やはり彼らは、店のアルバイトをする黒人が、努力をしたとはいえ政治家になるのは、そう簡単なことではないと認識しているようだった。

　この映画を扱った後には必ず、キング牧師やオバマ大統領のスピーチを生徒に聞かせ、互いに感想を述べ合い、意見を共有することにしている。自分の英語学習時代を振り返ると、キング牧師の『I have a dream』というスピーチは、時代を超えて世界中の人々に、人種差別の撤廃を訴える哲学的かつ普遍的なメッセージとして今も伝えられていることを授業で学んだ。今日の生徒たちも、「強さがあった。」「心に届くメッセージだった。」と、いい反応を見せている。学生が、感動的な生きた英語を通して、過去に苦しんだ黒人たちの闘争から今に至った軌跡を学び理解を深める。そのプロセスの中で学んだ英語表現は、多感な高校生にとって一生忘れられないものだろう。『バック・トゥ・ザ・フューチャー』はそれを可能にする良質の映画である。

2 定時制高校生のリスニング力アップ
～『サウンド・オブ・ミュージック』での聞き取り活動～

中級

ねらい
1. 映画を視聴し、その場面を LL 機器などで録音し、聞き取り活動をすることで、リスニング力の育成を図る。
2. 感銘を受けた歌を歌い、英語に対する苦手意識を軽減し自信を持たせる。

使用映画
『サウンド・オブ・ミュージック』(*The Sound of Music*, 1965, 174分)
家庭教師マリアが7人の子どもたちと、歌や遊びなどを通して愛情を深めると共に父親であるトラップ大佐との愛をつかむ。目を見張る風景と心を打つメロディーがさらに感動を与える。

英語の特徴
日常生活でよく使われている平易な単語と、知っておきたい表現がふんだんに使われている。

学習方法
1. ワークシートに、映画のセリフ部分を音声で聞き、単語を選ぶ、または記入する。
2. 気に入った歌を覚え、歌ってみる。

学習環境
シアタールームや視聴覚ルームなどで行う。

学習形態
意味や文化的背景、状況説明、解説は、一斉形式で。音声を聞くときは、一人一人でリスニング活動を行う。

学習時間
20分×25回

評価
ワークシートの完成度、授業への積極的な参加・態度など。

授業の流れ	準備と手順
①　前回の部分を視聴する。	◆ 日本語字幕で映画を見る。（字幕無しでの視聴をすることもあり、この場合、字幕部分を紙などで隠す）
②　本時学習する部分の視聴。	◆ 日本語字幕を提示して視聴させる。 ◆ 生徒用のブースで録音をする。
③　視聴した部分の内容確認。	◆ ワークシートを完成させる。 ◆ 映画を見ながら、または、終了した後、内容理解のためワークシートを完成させる。
④　もう一度視聴。	◆ 日本語字幕を提示して視聴させる。 ◆ 自分の答えを再確認する。（終了後、答え合わせ）
⑤　スクリプトの配布。	◆ ブースで録音された音声とワークシートを使いリスニング演習。
⑥　答え合わせと解説。	◆ 答え合わせ。 ◆ 背景解説、語句説明、発音練習。
⑦　再度視聴。	◆ 日本語字幕を消して視聴させる。（日本語字幕を紙などで隠す）

ワークシート

1 視聴場面の内容理解

＜本時学習する場面のあらすじ＞
マリアと子どもたちは、大佐がウィーンに行っている間、ザルツブルクの町に遊びに行く。そして、シュレイダー夫人を迎えるための歌の練習をし、シュレイダー夫人に会う。

【問題】
1. マックスはこの滞在期間中に何をしようと思っていますか。

　①ザルツブルク音楽祭のための参加者を探そうと思っている。
　②自分のグループを作って歌を歌える人を探そうと思っている。
　③歌を聞きながらすごしたいため、歌のうまい人を探そうと思っている。

　　　　　　　　　　　（トラップ一家が国外逃亡となるときの合唱祭に関係する）

2. 屋敷に向かう途中で、大佐は車の中から何を見ましたか。

　①楽しく遊んでいる地元の子どもたち
　②素晴らしい服を着て遊んでいる子どもたち
　③木登りをして遊んでいる自分の子どもたち

　　　　　　　　　　　　（マリアと大佐の口論する場面と関係する）

注：生徒の英語力に応じて英文で作成することもある。

2 Question : Choose the correct word in parentheses.

BARONESS : The (mountains　　mound　　mouse) are magnificent, Georg, really magnificent!
Max　　: Hah! You didn't invite me to your villa. I invited myself.
BARONESS : (Natural　　Naturally　　Nature) !

注：生徒の英語力に応じて英文で作成することもある。

参考文献：スクリーンプレイ出版 1998 年版　スクリーンプレイ・シリーズ No. 76『サウンド・オブ・ミュージック』

COLUMN
元気の源、明日を見つめて

　仕事と学業の両立の大変さ、自分に自信をもてない定時制の高校生たち。そんな彼ら彼女らが英語の苦手意識を少しでもなくして明日への元気を取り戻してがんばってほしいという思い、映画を使った授業への関心、そしてこの学会での活動を契機に、映画を使った授業を始めた。

　どんな映画がいいのか。まっさきに思いついたのがこの『サウンド・オブ・ミュージック』である。この映画には「優しさ」「美しさ」「愛」といったテーマが流れ、初めて見た時の感動を今でも忘れることができない。

　マリアは、家庭教師先のトラップ家で、元気旺盛でいたずら好きな7人の子どもたちを相手にトラップ大佐の教育方針に時には反抗しながら、子どもたちとの関係を築き、さらに、トラップ大佐との愛をつかんでいく。"My Favorite Things"の場面は、マリアと子どもたちとの絆を深めるきっかけとなる。

　　　Bright copper kettles and warm woolen mittens
　　　Brown paper packages tied up with strings
　　　These are a few of my favorite things

　この後、"Do-Re-Mi"の歌が流れ、この映画の見どころの一つが最高潮となっていく。マリアの快活なリズム、元気づけられる映像や歌声、明日もがんばろう、なんとかしようというマリアの前向きな姿は、自然の豊かさや歴史の重みが感じられる美しい街並みと重なり、より印象的に、確実に生徒たちの心に伝わっていく。授業の回を重ねるごとに自然とスクリプトとあわせて歌を歌っている生徒や食い入るように画面を見る生徒の姿が見られるようになるだろう。

　マリアは、周囲からの励ましを得ながら、"The Sound of Music"や"Edelweiss"などの静かで心和む歌を通し、トラップ大佐との愛を育んでいく。青春時代の真っ只中にいる生徒たちも自分の生き方とオーバーラップして見るに違いない。

　この映画は、人を愛することを巧みに表現する一方、ドイツの台頭による戦争へのテーマにも触れている。トラップ大佐は祖国オーストリアを脱出する決意を決める。愛する人との別れ、また、応援してくれる人たちが家族を危険な場面から助けるなど、国外に出るまでは、緊迫した場面が続く。家族の一致団結した行動にエールとして"Climb Every Mountain"の歌が流れ、結末を迎える。

　　　Climb every mountain
　　　Search high and low
　　　Follow every byway
　　　Every path you know

　アルプスの雄大な山を登り、明日に向けて、新たな家族の生き方が始まる。「明日」を前向きにとらえ、「困難を乗り切っていこう」とする励ましのメッセージとしての歌や映像。一人より二人、三人と支えあって生きていこうとする姿。定時制の高校生たちも確かにそれらを感じとり、日々頑張ってくれるに違いない。

初級

3 仮定法を実感させるリスニング指導
~『美女と野獣』を通して~

ねらい
教科書で学習した仮定法過去完了が、コミュニケーションの場でどのように使われているのかを確認し、学習の定着をはかる。

使用映画
『**美女と野獣**』(*Beauty and the Beast*, 1991, 92分)
魔法によって野獣に変えられてしまった王子が、森の中に住んでいた。魔法のバラの花びらの最後の1枚が散るまでに、人を愛することを覚え、その人の愛を勝ち得なければ、魔法は決して解けない。しかし、このような醜い野獣を一体誰が愛するというのだろうか。そんな絶望にくれる野獣の元へ町娘ベルがやってくる。今回使用するのは、この野獣とベルの間にほのかな恋が芽生える場面である。

英語の特徴
ディズニーアニメは、子ども向けの映画であるがゆえに、汚い言葉やスラングの類が使われていない。今回使用したのは、仮定法過去完了の基本形 "If ... had + 過去分詞 , ... would + have + 過去分詞" を使って美女と野獣の2人がぶつかり合う場面である。"If you hadn't run away, this wouldn't have happened." とベルを責める野獣に対して、ベルもひるむことなく、"If you hadn't frightened me, I wouldn't have run away." とやり返している。きっちりと基本形を使いながら、2人の感情を的確に表現しているこのシーンは、仮定法の学習に最適ではないだろうか。

学習方法
1シーンを視聴しながら、ワークシートを埋める。

学習形態
高校英語教科書の復習・応用教材として学習する。

学習時間
50分

授業の流れ	準備と手順
① 『美女と野獣』の1シーンを視聴。	◆ ベルが城から逃げ出すが、山中でオオカミに襲われるシーン。野獣が登場する直前で一時停止。 ◆ 次に何が起こるか予測させる。
② 上記の続きから本時で使用する場面までの視聴。	◆ 1で予測したことの確認。 ◆ 字幕無しで視聴。英語の意味が分からなくても、映像から何をしているか考えさせる。
③ ワークシートを使い、セリフの聞き取り。	◆ 英語の音声に集中させるため、サウンドトラックの音声のみを聞かせる。 ◆ 文単位で繰り返せるように、音声はMDに録音し、文ごとにトラックをつける。
④ セリフの日本語訳の完成。	◆ セリフの日本語訳を完成させ意味を確認する。 ◆ 確認後、映像をつけてベルと野獣のやりとりを鑑賞する。
⑤ 仮定法過去完了の復習および留意点。	◆ 仮定法の形を確認。 ◆ 仮定法が日常会話でもよく使われる表現であることを確認。 ◆ 発展学習として、英作文の課題を出す。「私の後悔集」という題で、これまでのことをふり返り自分が後悔していることを仮定法過去完了を使って作文させる。

ワークシート

1 これからディズニーアニメ『美女と野獣』から1シーンを見ます。この後何が起こるか予想して書いてみましょう。

2 これから『美女と野獣』での1シーンから音声のみを流します。よく聞いて（ ）に与えられたアルファベットで始まる単語を入れてみましょう。

BELLE : If you'd (h   ) still, it wouldn't (h   ) as much.
BEAST : If you (h   ) (r   ) away, this (w   ) have (h   ).
BELLE : If you (h   ) frightened me, I (w   ) have (r   ) away.
BEAST : Well, you (s   ) have (d   ) in the West Wing.
BELLE : Well, you (s   ) learn to control your temper.

《後略》

3 仮定法過去完了に注意して、下線部に日本語を入れて日本語訳を完成させなさい。

BELLE : Here now. Oh, don't do that. Just...hold still.
（ちょっと、そんなことしないで。じっとしててちょうだい）

《中略》

BELLE : If you'd hold still, it wouldn't hurt as much.
_____

BEAST : If you hadn't run away, this wouldn't have happened.
_____

BELLE : If you hadn't frightened me, I wouldn't have run away.
_____

《後略》

COLUMN

教材としての映画『美女と野獣』

　子ども向けアニメだが、高校生にも人気のある『美女と野獣』の英語教材としての可能性を考えてみる。まず "Once upon a time, in a faraway land..." で始まるナレーションの英文がなかなかいい。これから始まる映画のストーリー理解に欠かせないイントロとしての役割はもちろんのこと、様々な文法項目が含まれており、文法の復習教材としてかなり有用でおもしろい。

　またこの映画は文法の復習以外にも様々な使い方ができる。例えば丁寧な表現例として、野獣がベルを食事に誘う場面に着目する。野獣は階下でベルを待っている。なかなか下りてこないベルに野獣は、怒り狂ってベルの部屋のドア越しに言う。"I thought I told you to come down to dinner!" しかし、家来の進言を受けて、野獣は言い方を変える。"Will you come down to dinner?" そしてさらに "It would give me great pleasure if you would join me for dinner,... please." と一層丁寧な表現を使う。仮定法が実際のコミュニケーションの場で丁寧な表現としてどのように使われるのか、生徒たちは実感するだろう。

　そして、野獣とベルの「愛」は、思春期の生徒たちには頼もしい教材だ。魔法の鏡の中の父が雪の中で倒れ死にかけている。すぐに父の元に行かなくては…というベルを野獣は行かせてしまう。城から出ていったベルが、二度と城に戻ることはないのに…それは、野獣が永遠に野獣のままであることを意味する。それでも、野獣は彼女を父の元に行かせる。自分を犠牲にしても、ベルのことを想う野獣は、もはや自分本位な野獣ではない。

　また多くのディズニー映画に共通して言えることであるが、随所に散りばめられた挿入歌もいい。文法を学べるセリフもたくさんあり、愛を伝えるメッセージも豊富だ。

　まさに映画を通して英語を、そして英語を通して愛を、生徒たちと語り合える教材である。

中級〜上級

4 映画と帰国生を活かした音読指導
〜『ゴースト ニューヨークの幻』を用いて〜

ねらい
1. 映画を利用した音読指導と音読試験によって、より自然な発音の習得を目指す。
2. 高い英語力を持った帰国生を活かすことで、周囲の生徒を刺激し、音読に対する興味を引き出し、リスニング力を高める。

使用映画
『ゴースト ニューヨークの幻』(*Ghost*, 1990, 127分)
主人公サム(パトリック・スウェイジ)を殺した悪者が、サムの恋人モリー(デミ・ムーア)に近付き命を狙う。亡くなったサムは亡霊(ghost)となって彼女を守ろうとする。ロマンス、サスペンス、コメディーが一体となった映画。

英語の特徴
標準米語で、発音は明瞭。会話スピードも程よい。

学習方法
1. 映画のセリフをディクテーションする。
2. 帰国生に発音の仕方を教わりながら、音読練習を行う。
3. 音読試験と音読指導を同時に受ける。

学習形態
PC、プロジェクター、スクリーン、スピーカーを用いて映画の視聴、ディクテーションなどを行う。音読練習および音読試験はラウンジや中庭などの広い場所で行う。

学習環境
映画の視聴、ディクテーションなどは全体で行い、音読練習は、ほかの生徒が「グルグル・メソッド」(注)で音読試験と音読指導を受けている最中に、グループで行う。

(注) 靜哲人(2009)『英語授業の心・技・体』研究社 参照

学習時間
週1回 2コマ連続(50分 + 休み時間10分 + 50分)

評価
毎回行われる音読試験と、学期ごとに行われるペーパーテストで評価する。

授業の流れ	準備と手順
①映画の1シーンを日本語字幕付きで視聴。	◆最初の2時間で映画全体を日本語字幕付きで見せ、全体の流れと内容を把握させる。その後、適当な長さの1シーンを抜き出し、日本語字幕付きで見せて内容の確認をさせる。
②上記1と同じシーンを字幕無しで見せながら、ターゲットセンテンス(セリフ)をディクテーション。	◆上記1の後に、ターゲットセンテンス(セリフ)を空欄にしたスクリプトを配布。
③ディクテーションの答え合わせ。	◆パワーポイントを用いるとスムーズに行える。「音読チェックシート」【ワークシート】に答え(セリフ)と強弱の記号を書き写させる。
④新たな1〜4シーンを用いて、上記1〜3を繰り返す。	◆時間を見ながらシーンの数を判断する。
⑤ディクテーションで扱ったターゲットセンテンスの音読練習および音読試験。	◆＊帰国生をリーダーとし、それぞれ4〜5人のグループを、学期の初めに作らせる。 ◆上記4が終了した後、中庭やラウンジなど広い所に移動させ大きな円を作らせる。 ◆「音読チェックシート」に書き写させたターゲットセンテンスを音読させ「グルグル・メソッド」で評価・指導をする。その間ほかの生徒は、同じグループの帰国生に発音を教わりながら、音読練習を行う。

＊帰国生に限らず英語上級者がリーダーとなることも可能。

ワークシート

3年____組____番 氏名_____

英文	チェック
セリフ：(1) Where did you get those? 強弱　　　　○ 。 。 ○ ○	
セリフ：(2) What do you think? 強弱　　　　○ 。 。 ○	
セリフ：(3) Are they me? 強弱　　　　　 。 。 ○	
セリフ：(4) I think you ought to pay off your Mustang first. 強弱　　　　。○　　。⊙　。○ ○　。○ 。　○	
セリフ：(5)〔書き取り〕 強弱	
セリフ：(6)〔書き取り〕 強弱	
セリフ：(7)〔書き取り〕 強弱	
セリフ：(8)〔書き取り〕 強弱	

COLUMN
「動く辞書」Picture Dictionary

　映画を使った英語学習の利点は、音声と映像が利用できることであろう。セリフ（シナリオ）は、英語表現を学ぶ教材として、リスニング練習教材として、映画英語教育では大活躍だが、ト書きを利用して映像の場面や状況の中で語句の意味を知る「動く辞書」（picture dictionary）として利用することもできる。

　『ゴースト　ニューヨークの幻』のト書きに、名詞 "sledgehammer" という語がある。これを辞書で調べると、「（両手で使用する）大槌 [ハンマー]」などと記載されている。しかし、実際に "sledgehammer" もしくは「大槌」を見たことのない生徒にとっては？？だ。そこで、ト書きに "sledgehammer" とある映画の場面を見ると一目瞭然。Molly、Sam、Carl の 3 人がまさに「両手」で「大きいハンマー」を使用しており、ハンマーそのものだけでなく動作も見ることができる。

　別のト書きでは、"Sam enters the room." と述べて Sam が部屋に「入る」。"Sam and Carl walk into a crowded elevator." と述べて「歩いて」中に入る。"Oda Mae runs into the closet and slams the door behind her." と述べて「走って」中に入る。"Sam and Oda Mae rush into the elevator." と述べて「急いで」エレベーターの中に入る。映像とト書きを見るだけで動作の違いがよく分かる。このように、映像は、動作を表す動詞や英語表現を理解させてくれるまさに「動く辞書」である。最後に、"The steam from the hot water condenses on the mirror and the word "BOO" appears." のト書きから、どのような状況が思い浮かぶだろうか。この英文の意味がピンとこない人は、ぜひ映画を見て、「なるほど」と思っていただきたい。まさに "Seeing is believing." である。

第4章 大学

1. リスニングとリーディングの応用学習 ……………………………… 50
   〜『フォレスト・ガンプ』の愛のセリフを味わう〜
2. 看護学生の基礎文法復習 ……………………………………………… 54
   〜『パッチ・アダムス』を使用して〜
3. リーディングノートを活用して映画を読み取る …………………… 58
   〜『奇跡の人』で教師を学ぶ〜
4. 英語はリズムにのせて ………………………………………………… 62
   〜『天使にラブ・ソングを2』よりアドバイスの表現を学ぶ〜
5. 身近な英語表現・音楽関連語彙を学ぶ ……………………………… 66
   〜『スクール・オブ・ロック』で楽しく〜
6. ICレコーダーを活用した音読指導 …………………………………… 70
   〜 *DRAGONBALL EVOLUTION* 〜
7. 英音声・英字幕速読読解トレーニング ……………………………… 74
   〜『プラダを着た悪魔』〜
8. 読解・聴解を取り入れた指導 ………………………………………… 78
   〜『刑事ジョン・ブック目撃者』で学ぶアーミッシュ文化〜
9. 映像を利用したリテラシー学習 ……………………………………… 82
   〜現代コメディー『団塊ボーイズ』
10. "笑いのツボ"を探しながら英文読解練習 ………………………… 86
    〜ジム・キャリーの『イエス・マン』〜
11. イングリッシュ・ライティング練習 ………………………………… 90
    〜『シンデレラマン』の「記者会見報告」を英文で書く〜
12. 印象的場面を利用した冠詞の学習 …………………………………… 94
    〜『スター・ウォーズ』を通して〜
13. 総合英語学習教材として ……………………………………………… 98
    〜『ダークナイト』〜
14. 映画・テレビドラマを使ってのゼミ指導の試み ………………… 102
    〜『フルハウス』を中心に〜
15. 映画を利用してTOEICを学ぶ ……………………………………… 106
    〜『ジョーブラックをよろしく』〜

初級～中級

1 リスニングとリーディングの応用学習
～『フォレスト・ガンプ』の愛のセリフを味わう～

ねらい
1. 深い人間関係を表す豊かなセリフ表現を勉強する。
2. 基本文法・リーディング・リスニング学習の定着。

使用映画
『**フォレスト・ガンプ／一期一会**』(*Forrest Gump*, 1994, 142分)
軽度の知的障害を持つ主人公フォレストが、1950年代から80年代の急成長するアメリカ社会を背景に、クラスメートからのいじめやベトナム戦争の悲惨な体験などを乗り越えて、恋人ジェニーとの真の愛を成就する。

英語の特徴
全体の7～8割が比較的平易な語彙と表現を使い、ゆっくりと話されており、初級者向けに良い。ただし、知的障害を持った主人公フォレストの話す英語には、標準的な英語とは異なった表現があるため、注意を促す必要がある。

学習内容
課題文法の学習、映画の視聴、セリフのリスニング、シナリオ講読、セリフの鑑賞と意見交換の順で学習を進める。

学習環境
DVD、CD、文法練習帳、リスニング課題（参考：文法練習用テキスト＝「Englilsh Charge!」金星堂）、課題用シナリオ

学習時間
50分（文法復習後）× 12回

評価
文法の復習＋映画に関するワーク＝30％、中間及び定期テストの成績＝40％、授業への貢献度＝30％

	授業の流れ	準備と手順
①	この映画を使用する意味を解説。(困難な状況での深い人間関係を表す表現を英語のセリフを通して学ぶ。—恋人同士、親子、友情など)	◆ あらかじめこの点についてよく考え、場面を整理しておく。 ◆ 主人公フォレスト、ジェニー、母親らの英語表現と語彙解説を用意。(参考:「ジェニーとの最初の出会い」)
②	選択した場面の視聴。	◆ その場面までのあらすじを解説の後、日本語字幕で視聴。
③	同場面のスクリプトを配り、英語字幕にして再度視聴させる。	◆ 次に行うListeningとDictationのためにあらかじめスクリプトに空所を作っておく。(3〜5個)
④	場面を再度英語字幕で視聴させながら、Listening、Dictationを行う。 →答え合わせ	◆ 書き取り時には、DVDを止めて時間を十分に与え、字幕の理解を促す。 ◆ 何人かを指名し、あるいは挙手させて答えさせる。(難しい場合は再度見せ、さらに教員がなるべくナチュラルスピードで読む)
⑤	スクリプトを読みながら、セリフの部分訳をする。 →答え合わせ	◆ 語法に注意しながら答えを板書する。 ◆ あらかじめスクリプトの一部に部分訳用の下線を引いておく。 ◆ これを読解の練習と位置づけ、指名しながら意見を募り、みんなで考える。 ◆ スクリプト全体を通して、語句説明をしながら、内容理解をさせる。
⑥	当場面の内容についての質問と答え合わせ。	◆ 視聴した場面全体についての英語の質問をあらかじめプリントしておき配布。解答させた後、答え合わせ。

ワークシート

1 部分書き取り
＜Chapter 14「ママが天国へ」について＞

1. DVDを見て、（　）に聞き取れたセリフを書き入れなさい。

(M = Forrest's mother)

《前略》

M ： Now, don't you be afraid, sweetheart.
（さぁ、怖がらないで）

Death is (　　　　). Something we're all destined to do.
（死は生の一部で、私たちはみんな、死ぬ運命なの）

《後略》

2. スクリプトを読みながら、下線部を適当な日本語にしなさい。

《前略》

M ： You have to do the best with what God gave you.

___

2 その日見た場面の内容についてのQ&A
＜Chapter 15「ジェニーの帰郷」について＞

Question on the Scene（以下の問いに答えなさい）

(1) Is Forrest very happy to have Jenny home?

___

(2) What does Jenny give him?

___

(3) Does Forrest propose marriage to Jenny?

___

(4) Does Jenny accept Forrest's proposal?

___

COLUMN

フォークソングで学ぶ60年代アメリカの精神

　『フォレスト・ガンプ』の中で使われているフォークソングから、その時代の人々の心や精神を読み取ることができる。

　かつて学生であったころ、「ジョーン・バエズのような歌手になって、聴衆の一人一人に語りかけて歌いたい。」とフォレストに夢を語っていたジェニーが、夢破れ、酒場の酔客を前に裸でギターを抱えて歌う曲が、'60年代フォークソングの代表作「風に吹かれて」(Blowing in the Wind)である。そこに、もうすぐベトナムに出兵するフォレストが、ジェニーに会いにやってくる。客に侮辱されるジェニーを見たフォレストは思わず客を殴りジェニーを連れ帰る。そして帰りの夜道を歩きながらフォレストは、ベトナム行きをジェニーに告げる。それを聞いたジェニーは、素朴ながら心のこもった次の言葉をフォレストに投げかける。"Listen, you promise me something, OK? Just if you're ever in trouble, don't be brave. You just run, OK? Just run away."（「いい？　約束してちょうだい。もし危険な目に遭ったら、勇気なんか出しちゃ駄目よ。走って逃げるのよ、分かった？」）

　この場面を見た後で、「風に吹かれて」を聞き、歌詞の意味を深く考え味わいたい。この曲は、戦争のむなしさを、また、人の苦しみに目をそむけることの罪深さを、疑問文を重ねながらたたみかけるように歌う。"...How many ears must one man have before he can hear people cry? How many deaths will it take till he knows that too many people have died?..."（「どれだけ多くの耳を持てば、人々が泣き叫ぶ声を聞くことができるのか？　どれほど多くの人々が死ねば、あまりにも多くの人々が死んでしまったと分かるのだろうか？」）。さらに、「サン・フランシスコ」(San Francisco 〜 Be Sure to Wear Some Flowers in Your Hair 〜)、「ターン・ターン・ターン」(Turn! Turn! Turn!)などの名曲が続く。

　この時代のアメリカは、ベトナム戦争を経験し、国としての威信を失い、人々の心は深く傷ついていた。しかしそうしたつらく苦しい経験の中から、優れた映画や歌が多く生まれた。映画と共に、深い内容を歌ったこれらのフォークソングに耳を傾け、この時代について、また、時代を超えてあるはずの"アメリカの精神"について考えたい。

初級〜中級

2 看護学生の基礎文法復習
〜『パッチ・アダムス』を使用して〜

ねらい
1. 文法の基礎を復習する。
2. 看護用語彙を増やす。
3. 学生の学習意欲を高める。

使用映画
『パッチ・アダムス トゥルー・ストーリー』(*Patch Adams*, 1998, 115分)
かつては人生に絶望し精神病院に入院したアダムスだったが、入院中の経験を契機に人助けに生きがいを見出す。その後、アダムスは医学部に入学し、笑いで患者を癒す医療を目指すが、医学界の高い壁が彼の前に立ちはだかる。実話に基づく話。

英語の特徴
1. 医療に携わる看護学生に伝えたいメッセージや語彙が豊富である。
2. 英語が比較的聞き取りやすい。

学習内容
1. その日の文法事項を復習する。
2. その文法事項を使用した看護表現を学ぶ。
3. 文法事項が実際に使われていることを映画で確認する。

学習環境
DVD、文法問題プリント、看護用語彙集、映画プリント

学習時間
90分×2回

評価
毎回の小テスト(20%)と期末試験(80%)
小テスト：文法、看護語彙・表現に関する問題
期末試験：学期中の小テストの範囲、映画の代表的なセリフとキーワード

授業の流れ / 準備と手順

＜1コマ目＞

① 基礎の文法を復習。
◆ 文法のプリント作成。
（例：一般動詞の復習）

② 看護英語を学習。
◆ 看護表現のプリント作成。その日の文法事項を使って看護の現場で使えそうな表現を選択する。
（例：一般動詞を使って痛みの表現）【ワークシート】

③ ペアで練習。
◆ 必要に応じてペアワークのプリント作成。
（例：インフォメーション・ギャップゲーム）
昼休中（各自復習）

＜2コマ目＞

④ 小テスト。
◆ 必要に応じてテスト用紙作成。
（1コマ目の内容から）

⑤ 映画を視聴。
◆ 映画のプリント作成。
濱田・穐本（2006）を参考

① 映画を視聴する前にプリントの字幕から英語表現を想像させる。
② ブランクを埋めてから、その日の映画の箇所（約20分）を視聴させる。
③ 通してその日の箇所を見せた後、ブランクの箇所を何度か繰り返して視聴させる。

■ その日の文法事項をその日視聴させる映画の箇所からなるべく多く選び出す。
■ 機能語の箇所を主にブランクにする。
■ 日本語字幕を（字幕が意訳の場合は逐語訳も）つける。（学生は自分の書いた答えが正しいかチェックしながら映画を視聴）
■ 聞き取るチャンスを逃さないように、シーン番号横にシーンの説明を加える。

濱田真由美・穐本浩美（2006）『English Grammar in Focus 映画「ノッティングヒルの恋人」で学ぶ会話英文法』マクミラン・ランゲージハウス

ワークシート

1 看護用語彙の学習と練習

●痛みの表現を練習してみましょう。

I have a _____ pain.

・prickling（チクチクする）　　・throbbing（ずきんずきんという）
・stabbing（グサリと刺すような）　・cramping（けいれん痛）

●以下の日本語を英語にしてみましょう。

(1) あなたはけいれん痛がありますか？

_____

(2) 彼女はずきんずきんという痛みはありません。

_____

(3) 彼はチクチクする痛みがありますか？

_____

2 文法練習（be 動詞と一般動詞）

●今日学習した文法事項を使って以下のブランクを埋めてみましょう。

シーン１：学部長に呼ばれてお説教される。

Passion (　　　　　) make doctors.
（夢は医者をつくらない）

I (　　　　　) (　　　　　).
（わたしが医者をつくる）

シーン２：305 号室の患者を訪ねたパッチ。

(　　　　　) (　　　　　) (　　　　　) (　　　　　)?
（医者か？「あなたは医者ですか？」）

No, I'm a medical student.
（医学生です）

シーン３：ルームメイトのミッチと成績のことで口論する。

(　　　　　) (　　　　　) (　　　　　) (　　　　　)!
（僕は君が嫌いだ！）

COLUMN

『パッチ・アダムス』とホスピタル・クラウン

　映画『パッチ・アダムス』の中で、子どもたちの病室に入り込んだパッチが道化師の動作で子どもたちを笑わせる場面がある。パッチ・アダムスは実在の人物で、この映画は彼の自伝を元に映画化したものである。彼は自らの精神病院での体験から、「笑い」が人間の病を治すことがあり得るとの信念のもとで、病院の実習中に様々な実験を行う。映画では医学部の卒業までで終わるが、実在のパッチ・アダムス（ハンター・アダムス）にはその先がある。

　1980年にパッチは病院を道化師の姿で訪問して患者の笑いを誘うことを目指した。そしてそのことによって治療にもなると考えた。1986年にはニューヨークのビッグアップルサーカス、マイケル・クリステンセンによる「クラウンドクター」がスタートし、専門家の育成が開始された。この活動は全米へと広がり、やがて国際的に拡大していく。パッチの呼びかけを機に日本でもホスピタル・クラウンの組織が作られ、NPOとして活動を行っている（日本ホスピタル・クラウン協会、http://www.hospital-clown.jp/index.html）。

　病院に入院している患者、とりわけ子どもたちにとって、笑顔を見せることはその病気を克服していく鍵であるということで、近年このホスピタル・クラウンが病院に呼ばれる機会も増えている。これは子どもだけでなく高齢者も含めて人間にとって笑いが「治療」でもあることを示している。

　パッチはウェスト・バージニアのPocahontas CountyにGesundheit Institute（お元気でクリニック）を立ち上げ、笑いや喜び、創造力が治療の過程において不可欠であり、本当の健康管理にはこうしたものを生かさなければならないということを1971年から実践し始めていた。そして、権威にあぐらをかいているアメリカの医学界のみならず、世界を変えるには自らが外に出ていかなければならないという思いで、社会活動家（social activist）としての行動も積極的に行っているが、ホスピタル・クラウンはこうした思いの一環でもある。

初級〜中級

3 リーディングノートを活用して映画を読み取る
〜『奇跡の人』で教師を学ぶ〜

ねらい
1. リーディングノート (p.61 のコラム参照) を活用して映画英語を読み取る。
2. 教員志望の学生がサリバン先生の生き方を通して"教師"を学ぶ。
3. ヘレンケラーを通して一つ一つの言葉の大切さを学ぶ。

使用映画
『奇跡の人』(*The Miracle Worker*, 1962, 107分)
幼いときの熱病が原因で、見ること、聞くこと、話すことが不自由になりながらも、優れた指導者アン・サリバンの存在で社会に貢献する人になっていくヘレンケラーが、言葉を獲得するまでの苦難をサリバンの記録を基に描く。

英語の特徴
1. 英語表現はシンプルで、学習に適した速度。
2. サリバン先生とヘレンの親や周辺との会話を通して、言葉の重みを伝えている。

学習内容
リーディングノートを活用して読み取り練習を行う。

学習環境
- DVD、ワークシート
- 映画の内容をまとめたリーディングノートプリント
- ヘレンケラーの資料、記念館の写真、ヘレンケラーが広島訪問時の写真。

学習時間
90分×3回

評価
授業ごとにプリントを提出し、最後に映画へのコメントを最低英語3文以上書いて提出する。

授業の流れ	準備と手順
❶ ヘレンケラーや映画についての解説（資料などの配布）。	◆ ヘレンケラーについての資料を準備。 ◆ ヘレンケラーについての知識を確認。 ◆「奇跡の人」とは誰かを考えさせる。
❷ 『The Miracle Worker』のDVDを視聴（35分程度）。	◆ 音声は英語、字幕は日本語で。 ◆ 次に見たくなるような所で止める。 （学生から「次を見たい」という声）
❸ リーディングノートプリントの配布と作成。（25分間） ①訳とストーリーの理解 （LET'S READ） ②語法の理解 （LET'S PRACTICE） ③内容理解 （LET'S THINK）	◆ プリントの配布。 ◆ 机間を回りながら英語が苦手な学生にアドバイスを行う。 ◆ 日本語訳の分からない所は空白でも可。 ◆ ③の内容の理解については必ず自分の意見を書くように促す。
❹ 映画のシーンを再現する。 ①会話部分のプリント（A4で1枚程度）を配布し読み方練習。 ②2～3人でのワーク ※時間があるときは発表させる。	◆ プリントはDVDの英語のセリフをそのまま書き取っておく。 ◆ 読み方の練習は3回程度行い、個人の練習のときには読めない語を一人一人確認する。
❺ 映画の印象や感想を英語で書く（3文以上）ただし最後の視聴後。	◆ 感想を英語に指定すると書けない学生が多い場合、3文は英語で書いてその後は英語か日本語は学生が選択してもよい。また、グループで相談しながら書いてもよい。

ワークシート

〔リーディング・ノートの例〕

1 LET'S PRONOUNCE（次の英文を読んでみよう。）

(1) Sulivan taught Helen to change her dress when she got up in the morning and went to bed in the evening.

(2) Two weeks passed quickly without any dramatic change in Helen's <u>situation</u> and Ms. Keller came knocking the door to take Helen to home.

(3) Mr. Keller gave Sulivan her first <u>salary</u> telling that she had done great work for Helen.

2 LET'S LEARN（単語や熟語の意味を確認しよう。）

(1) situation　　〔スィテュエイシャン〕　　名（　　　　　　）

(2) salary　　　〔サラリィ〕　　　　　　　名（　　　　　　）

(3) obey　　　　〔オベイ〕　　　　　　　　動（　　　　　　）

(4) absence　　　〔アブセンス〕　　　　　　名（　　　　　　）

《以下略》

3 LET'S READ（ 1 の英文を読んで日本語訳を完成させよう。）

(1) サリバン先生はヘレンに朝起きるときと夜寝るときには（　　　　　　　　　）。

(2) ヘレンの状況が著しく改善されることもなく2週間があっという間に過ぎていき
（　　　　　　　　　　　　　　　　　　　　　　）。

(3) （　　　　　　　　　　　　　　　　）、彼女がヘレンのために大いに仕事をしてくれたと言います。

《以下略》

4 LET'S PRACTICE（文法を学ぼう。）

◆ Sulivan said "I love Hellen", hugging her in her chair.（分詞構文）

動詞の ing 形が接続詞の働きを含んでいて、「〜するとき」「〜しながら」「〜なので」「〜して（そして）」などと言い換えることができる。

5 LET'S THINK（考えよう。）

この映画を見て、もっとも印象に残った所はどこで、その理由は何ですか？

COLUMN

リーディング・ノートを使って自発的学習を促す

　「リーディング・ノート」は英語の4技能を視野に入れて、視聴や音読 "Let's Pronounce"、語彙の理解 "Let's Learn"、文章の読み取りと解釈 "Let's Read"、文法や語法 "Let's Practice" さらに "Let's Think" によって、視聴範囲の内容を深める設問があり、学生に考えさせることをねらいとしている。1つの映画が終わった段階で映画についてのコメントを英語で書くことによってライティングの力をつける。時には "Let's Pronounce" の英文が映画のセリフそのものの場合もあり、会話練習として使うこともできる。

　「リーディング・ノート」の利用は、授業の中で教員が一方的に説明して学生(子ども)たちに知識を伝えるというスタイルから、学生(子ども)たちが自発的に発見して取り組むことを目標としている。時にはとなりの友だちと相談しながら、ノートの空白部分に書き込みをして、英語を楽しく学ぶことを提案している。

　「リーディング・ノート」となるプリントは、教師が自ら映画を視聴し、作成準備をしておく必要があり、教材として扱う箇所(10行程度にストーリーをまとめる)・会話表現・語彙・文法を前もって決め、それらをプリント作成しなければならない。手間に感じるかもしれないが、子どもたちの活き活きと取り組む姿を見て、さらに教材の対象が映画ということから、「リーディング・ノート」のプリント作成は、手間どころか楽しみになる。なお、作成準備のコツとして、視聴する部分を区切る際は、次の場面が見たくなるような場面で切ることをお薦めしたい。

　授業ではまずこのワークシートを読み取ってから映画を視聴する(リーディング・ノート先行授業)場合と、初めに映画を視聴してからワークシートに取り組む(リーディング・ノート後出し授業)場合がある。ストーリーが単純な場合は前者、やや複雑な場合は後者のスタイルでやる方が効果的である。

初級〜中級

4 英語はリズムにのせて
〜『天使にラブ・ソングを2』よりアドバイスの表現を学ぶ〜

ねらい
映画のセリフを使って、クリエーティブなライティングとスピーキングの練習を行い、学習の定着を図る。

使用映画
『天使にラブ・ソングを2』(*Sister Act 2: Back in the Habit*, 1993, 107分)
ウーピー・ゴールドバーグ扮するシスターが、崩壊寸前の高校に乗り込み、荒れた生徒たちをゴスペルの指導を通じて立ち直らせるという青春コメディー。

英語の特徴
アフリカ系アメリカ人の英語が使用されている所もあるが、中心人物の英語は概して聞き取りやすい。

学習内容
1. ウーピー・ゴールドバーグの半生について講読
2. 映画視聴でリスニング練習
3. キーワード・ライティングの成果発表でスピーキング練習

学習環境
DVD、導入用ワークシート【ワークシート🔢】
リスニング用ワークシート
キーワード・ライティング用ワークシート【ワークシート②】

学習時間
90分(1〜2回程度)

評 価
キーワード・ライティングと口頭発表とを総合的に評価する。

授業の流れ	準備と手順
① Guess WHO? クイズ	◆ ウーピー・ゴールドバーグの波瀾万丈の半生について記した【ワークシート❶】を配布し誰であるか明かさずに文の意味を考え人物を推測させる。 ◆ 原題 *Sister Act* の意味とあらすじを解説。
② 視聴とディクテーションによるリスニング練習。	◆ シスター・メアリ・クラレンスの"brand-new day" のお説教部分（7章）を聞き取り教材として集中的に計4回見せ（　）穴埋め。答え合わせ。
③ 発音と音声練習。	◆ If you wanna be で始まる文にメロディをつけて歌っているシーンを見せる。 ◆ 文の意味と英語のアクセントについて説明。 ◆ 口頭練習。コーラス練習→ペア練習 ◆ アクセント・リエゾン部分に記号をつける。アクセント母音ははっきりとつけるように言い添える。 ◆ 手拍子で大小のアクセントをつけながら、リードする。 （歌った方が覚えやすい、またできたら歌ってもよいと伝える）
④ キーワード・ライティング。	◆ プリントにターゲット文を5回書くことにより定着させた後、【ワークシート❷】のキーワードを使って書き換え（5文）。最後に同構文を使ってオリジナルの文を作成。
⑤ キーワード・ライティングの口頭発表。	◆ 全員でキーワード・ライティングの成果発表。

ワークシート

1 Guess WHO?

あるハリウッドセレブについての説明です。ペアになって意味を確認した後、誰のことについての説明か言い当てよう。

1. Born in Manhattan, New York on November 13, 1955.
2. 165cm tall.
3. Addicted to drugs and dropped out of high school at age 17 in the 60s.
4. Once worked as a mortuary beautician at age 20.
5. Married three times and has a daughter and three grandchildren.
6. An American comedienne, radio disk jockey, actress, singer-songwriter, activist, and talk show host.
7. Her hair is dreadlocks.
8. Won "an American Comedy Award for Funniest Actress in a Motion Picture."
9. An activist who helped to start *Comic Relief* (1986) to raise funds for the homeless.
10. The first African American and first female to host the Academy Awards solo in 1994 and 1996.

参考：http://www.imdb.com/name/nm0000155/bio

2 キーワード・ライティング（アドバイスの練習）

① 以下のキーワードを用いて、英文を作ろう。

1. (lose weight / drink 2 liters of water)
解答例：If you want to lose weight, you'd better drink 2 liters of water everyday.

2. (know a secret / promise not to tell)

3. (make the world a better place / make the change of yourself)

4. (be my lover / get along with my friends)

5. (get back your girl / tell you love her)

② 今日学んだことを使って、英語でアドバイスしてみよう。

　　If you wanna (　　　　　), you'd better (　　　　　　　).

COLUMN

『天使にラブ・ソングを…』と黒人文化

　『天使にラブ・ソングを2』は、アフリカ系アメリカ人の文化・ルーツに親しむ上でも切り口が多い。生徒アマールは、アフリカの英雄について誇らしく語り、クラス全員は独自のリズムでラップバトルに興じ、担任のシスターはキング牧師よろしく黒人説教師の口調で弁舌を振るい、女生徒は伝統的な黒人霊歌 "His Eye Is on the Sparrow" を静かにデュエットする。特に、佳境の合唱大会では、ある参加校が古典的賛美歌 "Joyful, Joyful" を荘厳に合唱するのに対し、シスターの生徒たちは飛び跳ねながら登場し、同曲を現代風ゴスペルアレンジで歌って踊って対抗するなど、主流の白人文化とサブカルチャー的黒人文化を対比させるような視点が顕著である。アフリカ系アメリカ人文化が巧みに主流文化を採り入れ、付加価値を付けてきた歴史が、この映画にも反映されている。

　作品全体を通じてセリフは聞き取りやすいが、生徒同士の会話には黒人英語のリアリティが加味されている。生徒たちが路上に集いシスターを追い出そうと画策する時、ある男子が "She ain't no sister of yours." と言う。ain't と no が用いられた二重否定は黒人英語（Ebonics）では多用されるが、言わんとするのは単なる否定文である。否定したい感情が高じて2回も否定語を使ったとすれば、納得がいく。「あいつ、おまえのシスターなんかじゃないだろ。」の意である。また生徒が興奮した友人をなだめようと "Chill, okay?" と言う。chill は「冷蔵する」から「気持ちを冷ます」「冷静になる」と意味が転じている。さらに「ゆっくりする」の意味にもなる。ローリン・ヒル扮する女生徒が母親に呼びかけられた時、"Ma, we're just chillin'." と言うが、日本の若者言葉だと「ママ、うちら、まったりしてるだけよ」に相当するだろう。

　今やアフリカ系アメリカ人発祥の文化は、日本でも服飾や音楽などのスタイルに多大なる影響を与えている。ヒップホップ系文化の総称である "B系" というジャンルとして確立しており、興味を持つ若者は多い。本作品を英語学習教材のみならず、アフリカ系アメリカ人の文化を知る糸口として若い学習者に紹介するのも有意義ではないだろうか。

初級〜中級

5 身近な英語表現・音楽関連語彙を学ぶ
〜『スクール・オブ・ロック』で楽しく〜

ねらい
1. 映画を通じて身近な英語表現を身につける。
2. 音楽関連語彙の使用実例に触れて学ぶ。
3. 音楽専攻の大学生の英語学習への興味と意欲を高める。

使用映画
『**スクール・オブ・ロック**』(*School of Rock*, 2003, 109分)
ロックに情熱はあるが成功できない破天荒な中年男が、代用教員として名門小学校に潜り込み、コンテストを目指して生徒たちにロックを教える。生徒たちは才能を開花させ、生き生きと自分を表現できるようになっていく。

英語の特徴
現代の標準的なアメリカ英語で、学校が舞台で出演者に子どもが多いため、理解しやすい。

学習内容
専攻楽器別の3段階習熟度別クラスで、映画を視聴しながら会話表現、音楽関連語彙、文法を学習。

学習環境
- DVD『スクール・オブ・ロック』
- テキスト『名作映画完全セリフ集スクール・オブ・ロック』(株式会社フォーインスクリーンプレイ事業部　1997)
- 大学のオリジナル音楽語彙教材
- 文法・読解学習用市販テキスト

学習時間
毎回の授業(100分)の中盤約35分×17〜19回

評価
定期試験(筆記)の一部として、暗唱箇所、会話表現、音楽関連語彙、文法事項を題材に、英文の空所補充または日本語の文を英訳する問題を出題する。

授業の流れ / 準備と手順

（100分授業）

1. 音楽関連語彙の学習。（約30分）
- ◆ 大学のオリジナル教材で、音楽関連語彙を学習する。毎回10語ずつ解説する。
- ◆ 次回、小テストを行い、定着を図る。

映画を用いた学習（約40分）

2. 映画のシーンを見せながら解説。
- ◆ 映画のシーン1回分を見せながら、ポイントとなる会話表現、音楽関連語彙、文法を解説。
- ◆ 字幕は英語で表示。日英のずれに注目したい箇所のみ、日本語字幕に切り替え。

3. クラス全体で練習。
- ◆ 指定箇所のコーラスリーディング。
- ◆ 画面の英語字幕を見ながらセリフを練習。可能なら音声を消して行う。

4. ペア（グループ）で練習。
- ◆ ペア（役の人数によってはグループ）でセリフの役割練習。
- ◆ 数組を指名して読ませる。

5. 宿題（暗唱）の指示。
- ◆ 宿題として次回までの暗唱箇所を指示。
- ◆ 次回、数組を指名して暗唱させる。

6. 文法と読解の学習。（約30分）
- ◆ クラスのレベルに合わせた市販の大学用テキストを使用し文法と読解学習をする。
- ◆ 初・中級クラスでは、文法の基礎を確認し、定着させることを重視する。

ワークシート

1 シナリオを参考に、自分の専攻楽器と先生の名前を使って英語で書きましょう。
「私の(楽器)の先生を紹介したいと思います。こちらは(名字)先生です。」

___

2 シナリオを参考に英語で書きましょう。
(1) ただ自分のしたいことをしなさい。

___

(2) 私は先生から習いたいです。

___

3 標準的な英語で言い換えましょう。
　　I'm gonna call you. = I'm (　　　) (　　　) call you.

4 空所に適語を補充し文を完成させましょう。
(1) 時間の無駄なんて何もない。
　　Nothing is a (　　　) of (　　　).
(2) 気にするな。ただ俺を信じろ。
　　Never (　　　). Just (　　　) me.
(3) もう少しがんばって練習したら？
　　Why (　　　) you (　　　) harder?
(4) やめろ。これは俺たちのアンプだ。
　　Come (　　　). This is our (　　　).
(5) 私に先生になってほしいの？
　　You want (　　　) to (　　　) a teacher?
(6) 私はチェロを弾きます。あなたは？
　　I play the (　　　). How (　　　) you?
(7)「俺もうベースを弾かない」「どうして？」
　　"I will not play the (　　　) anymore." "Why (　　　)?"
(8)「この曲、どう思う？」「とても覚えやすいよ」
　　"(　　　) do you think about this piece?" "It's very (c　　　)."

COLUMN

音大生の心を打つ『ミュージック・オブ・ハート』

　『スクール・オブ・ロック』ではエリートの子どもたちにロックを教えていくが、『ミュージック・オブ・ハート』(Music of the Heart, 1999)は逆に、恵まれない教育環境にある子どもたちにクラシックのバイオリンを教える話である。ニューヨークのイースト・ハーレムの公立小学校でバイオリンを教える女性教師、ロベルタ・ガスパーリの実話を元にしている。自分自身もシングルマザーとして苦労しながら、周囲の無理解の中でも決してあきらめないロベルタの情熱が胸を打つ。アイザック・スターン、アーノルド・スタインハート、イツァーク・パールマンなど、一流の演奏家が本人の役で出演しているのも見どころだ。

　この映画の元になったのは、ドキュメンタリー映画『ハーレムのヴァイオリン教室～ロベルタ先生と50人の子どもたちの奇跡』(Small Wonders, 1995)である。本物のロベルタ、スターン、スタインハートが子どもたちにレッスンをする貴重な場面が見られ、最後のカーネギー・ホールでのコンサートには五嶋みどり氏も出演している。映画に出てくる子どもたちのモデル探しも楽しい。映画と比較すると、実際のセリフを活かした脚本の妙味や、メリル・ストリープの役作りの上手がより味わえる。

　ロベルタ・ガスパーリによる同タイトルの自伝も出版されている(ロベルタ・ガスパーリ／ラーキン・ウォレン著、山田蘭訳『ミュージック・オブ・ハート』)角川書店、2000)。映画の中にも、ほぼ事実通りの部分と映画的虚構があることを知ることができて、興味深い。

　音楽大学の学生はこの映画を見て、自分が音楽を学んできた過程を振り返り、理想の音楽教師像を考えるようである。学生の感想を紹介する。

　「自分の持つ知識と技術を分け与えて、その人の可能性を伸ばしてあげることを自分の喜びと感じられるロベルタは、本当にすばらしい先生だと思います。そういう先生との出会いが生徒の人生を変えていくのだと思います。自分にとってマイナスなことも生き方次第でプラスに変わっていくことをロベルタは教えてくれています。音楽を通して生徒とロベルタの心が一つになった瞬間は、感動の一言では言い表せません。音楽っていいなと改めて思える事は間違いない！」

初級〜中級

6 ICレコーダーを活用した音読指導
~ DRAGONBALL EVOLUTION ~

ねらい
1文ずつ積み重ねて練習することにより、まとまった量の英文でもパラレル・リーディング（アフレコ練習）ができるようになることを実感する。

使用映画
『ドラゴンボール Evolution』（*DRAGONBALL EVOLUTION*, 2008, 86分）
日本のアニメとしてロングランを続ける『ドラゴンボール』の実写版である。7つ集めれば何でも願いが叶うというドラゴンボールをめぐり、孫悟空を中心とした登場人物と、世界制覇をたくらむ悪の大魔王ピッコロの攻防を描く。

英語の特徴
中学レベルの日常会話や平易な語句が多いが、語りの部分などには格調高い表現や語句が含まれる。

学習内容
1. 映画全体を視聴し（86分）、その後内容理解を深める。
2. その後、短いセリフの音読練習やパラレル・リーディングに取り組み、スピーキングの基礎力養成。
3. まとめとして、パラレル・リーディング学習成果の録音・鑑賞。

学習環境
- CALL教室を使った独習と個別指導。
- 教材は、学内に設置した個人サーバーにアップロード。
- 切り出した洋画の場面とトランスクリプト。
- ワークシート・ICレコーダー。

学習時間
90分（1コマ）× 6回程度（前期週2回合計30回の授業）

評価
動画とそれに合わせたパラレル・リーディング（アフレコ）を受講者全体で鑑賞・評価し、これに教師の評価を加える。

授業の流れ	準備と手順
①　映画全体の視聴。	◆ 授業で取り上げる場面は、事前に提示する。
②　簡単なフレーズのパラレル・リーディング練習。	◆ アップした教材を使い、短い表現を選びパラレル・リーディングに取り組む。音声はICレコーダーを使って録音する。この段階で、短いフレーズのパラレル・リーディングと録音に慣れる。
③　映画冒頭シーンとトランスクリプトを導入、ワークシート配布。(p. 72 参照)	◆ 単語1つ1つ丁寧に発音の確認をし、辞書サイトを使い単語の意味調べをする。
④　短いフレーズごとのパラレル・リーディングから、まとまった量のパラレル・リーディング。	◆ ワークシートにあるように、／で区切った短いフレーズごとにパラレル・リーディングに取り組み録音する。練習は教材用ホームページを使う。短いフレーズを少しずつつなげて、まとまった量のパラレル・リーディングができるようにする。フレーズごとに意味を説明する。
⑤　冒頭シーン全体のパラレル・リーディングと録音。	◆ 冒頭シーン全体をパラレル・リーディング(アフレコ)し録音する。録音した音声は編集して映像に組み込む。
⑥　パフォーマンスの鑑賞と評価。	◆ 編集した映像を視聴し鑑賞する。

ワークシート

区切れと強弱を意識して、ナレーターになりきってパラレル・リーディングに取り組もう!

- 単語1つ1つの発音を確認しよう。
- 意味の分からない単語があればWeb辞書サイトを使って調べよう。
- 大きく表示してある部分を強く読むようにして、/ごとに発音練習をしよう。(実際のプリントは、/部分で改行するようにする)
- /ごとに音読できるようになったら、教材用ホームページにアクセスし、パラレル・リーディングに取り組もう(1行ずつ録音します)。
- 段落ごとにパラレル・リーディングができるようにして録音しよう。
- 最終的に、このプリント全部をパラレル・リーディングできるようにして録音しよう。

(1) In a **time** / before **many** can **remember**, / our **planet** faced / its greatest **challenge**. / A **war**lord / named **Piccolo** / **came** from **beyond** the **stars**, / bringing **dark**ness and **cha**os to our once **peace**ful **world**.

(2) **Aid**ed by his **disciple**, Ozaru, / the **evil pair** brought the / **human** race / to the **brink** of **annihilation**.

(3) **Cities** and **countries** / **crumbl**ed beneath them.

(4) Countless **lives** were **lost**.

(5) But, **final**ly, / a group of brave **warriors** / **creat**ed the Ma**Fu**Ba / a powerful **enchant**ment / that **imprison**ed **Piccolo** / **deep** within the **Earth**.

(6) With his master **captur**ed, / Ozaru dis**appeared**, / and **balance** was **slow**ly / re**stored** / to our **world**.

(7) And so it has **remain**ed / for **thousand**s of **years**.

(8) Until **now**.

COLUMN
Dragonball と日本アニメのコンセプト

　Dragonball は、1984 年から 1995 年までの約 10 年半に渡って『週刊少年ジャンプ』(集英社)に連載された人気漫画である。テレビアニメに登場したのは、1986 年開始の『ドラゴンボール』と続編の『ドラゴンボール Z』、その後 1996 年に再開した『ドラゴンボール GT』で一応の完結を迎える。漫画の連載打ち切りは、集英社の社運すら左右したとも言われ、アニメ関連の経済効果もかなりのものであったと聞く。

　7 つのドラゴンボールは、『南総里見八犬伝』における、「仁義礼智忠信孝悌」の 8 つの水晶球を思わせ、登場するキャラクターの名前は『西遊記』を思い起こさせる。NHK で放映された、坂本九語りによる『里見八犬伝』は、筆者自身リアルタイムで見ていただけに思い入れがある。そのほか、ブルース・リーやジャッキー・チェンに触れた私のような世代にとって、カンフーの格闘場面などにもわくわくさせられる。

　こうしたいろいろな設定上の工夫がありながら、爆発的な人気が出た最大の理由は、アニメの基本的なコンセプトによるものだったのではないだろうか。

　この作品に限らず、日本の人気アニメは、「進化・覚醒、もう 1 人の自分、仲間と友情」など共通したコンセプトを持っていることが多い。敵との死闘で一度は負けても、あきらめずに修行を繰り返し、やがては相手を打ち負かす。修行の過程で弱い自分や醜い自分と向き合い、マイナスの自分をも包み込みながら成長を遂げる。困難を乗り越える上で、仲間の友情が大きな支えとなっている。場面設定の違いはあるが、このような成長のプロセスを踏まえたストーリー展開が、子どもや若者の心をとらえるのではないだろうか。

　実際、授業で映画を見た後に、印象に残った場面を伝えてもらうと、「大猿に変身した悟空が亀仙人の首を絞めていたけど、その時に言っていた亀仙人のセリフ(「自分を信じることだ」)を勉強してみたいという声が多かった。コミュニケーション下手とか、学力が年々低下しているとか、とかくマイナス面ばかりが強調される現在の若者たちではある。しかし、『ドラゴンボール』が、連載打ち切り後もこれだけの人気を保っていることを考えると、アニメの底流にあるコンセプトは、実は子どもや若者の遺伝子に組み込まれているように思える。

初級〜上級

7 英音声・英字幕速読読解トレーニング
～『プラダを着た悪魔』～

ねらい
1. 英音声・英字幕を通してナチュラルスピードで読解トレーニングを行う。
2. 否応なしに多読・多聴をする環境を作り上げる。

使用映画
『プラダを着た悪魔』(*The Devil Wears Prada*, 2006, 110分)
ジャーナリストを志望するアンディは、ファッション雑誌「ランウェイ」に雇われ、鬼編集長ミランダの第2アシスタントとして働く。だがミランダは、まるで悪魔のように無理難題な仕事をアンディに要求する。打ちのめされそうになるアンディだが、持ち前のがんばりで切り抜け、ミランダの信用を得、出世階段を上り始める。だがアンディは、そういう生き方に少しずつ疑問を持ち始める。アメリカ作家、ローレン・ワイズバーガーの同名ヒット小説を映画化。

英語の特徴
ファッション関係の用語や現代の若者がよく使う表現が頻出する。

学習方法
分割したシーン(10分くらい)を英音声・英字幕で視聴しながら、内容についてのクイズの答えを探し出す集中型英文読解学習。

学習形態
1. 1シーン(10分くらい)あたり2〜3問の英文クイズに解答する。
2. 解答はできれば英文で行う。(その際、英語のミスを恐れないよう指導が必要)

学習時間
90分×2〜4(回)

評価
英文で解答したものへの採点は、細かな英語のミスは減点せず注意を促す程度とし、解釈の内容が正しいかどうかを判断するのが望ましい。

授業の流れ	準備と手順
① 作品についての解説。	◆ 簡単なあらすじ、製作者・出演者について、作品の背景となる時代、社会、文化などの情報をできる限り与える。それによって学習者の推理力を高め、英語力の不足を補う。 ◆ 英文解釈の難しい箇所、またはメッセージ性の強い箇所の英文セリフを抜き出し、ワークシートにして意味を確認し、簡単に解説する。
② 英語の解説（シーン①の大まかな内容、注意すべき英語を解説する）。	◆ 1つのシーンが10分程度になるよう分割し、1シーンあたり2〜3問の内容把握問題を作成する。その際の問題の難易は学習者の英語レベルに合うよう注意する。 ◆ シーンに出現する注意すべき英語表現を解説する。
③ 映画を見る（シーン①）。	◆ 映画を見る前にあらかじめワークシートのクイズの意味を確認する。 ◆ シーン部の映像を見る。 ◆ クイズの答えがある場面を手で示し集中を高め、解答を促す。
④ クイズ解答（シーン①）。 ＊その後は、同じようにシーン②③④…と進む。	◆ シーンの映像が終わったら解答時間を2〜3分与える。
⑤ 答案の返却と解説	◆ 前回のクイズの答案を返却する。 ◆ 必要であればその箇所の映像を日本語音声と英字幕付きの映像を見て、答えの解説をする。

ワークシート

1 SCENE 1 (11:48 〜 24:24)

Andy starts to work as the 2nd assistant of Miranda. However, she runs into problems due to her ignorance of the fashion business.

(1) What is the Book which the 1st assistant Emily is showing to Andy?

_____

(2) What does "do the coat" mean?

_____

(3) Why did Andrea laugh at the run-through?

_____

2 SCENE 2 (30:15 〜 40:13)

Andy works energetically from early morning till late night and gradually her ambition is recognized by Miranda.

(1) What kind of the girls does Miranda always employ?

_____

(2) What did Andy's friend think about accessories?

_____

3 SCENE 3 (45:07 〜 57:12)

Andy accidentally finds out about a private matter of Miranda.
Nate is worried about her because she is so involved in her work.

(1) Why can't Andrea find the table where she has to put the book in the Miranda's house?

_____

(2) What does Andy realize after talking with Nate?

_____

COLUMN

ニューヨークの Meatpacking District

　映画『プラダを着た悪魔』(*The Devil Wears Prada*, 2006) の中で、ファッション雑誌『ランウェイ』(RUNWAY) の編集長ミランダ (Miranda) が、アシスタントのアンディー (Andy) に次のように指示をする。

Miranda ： Call my husband and confirm dinner.
　　　　　　（夫にディナーの確認を）
Andy ： At Pastis? Done.
　　　　　（済ませました）

　日本語字幕の中では、"Pastis" は省略されているが、実はニューヨーカーたちから今熱い眼差しを受け話題作にも登場するビストロである。場所はマンハッタンのウェスト9丁目から14丁目界隈の Meatpacking District (MPD) にある。この MPD は多くのファッション関係の店やお洒落なレストラン、ブティック、画廊などが立ち並ぶ人気スポットである。だが元々は、その名の通り食肉の屠殺や精肉加工場街であった。今でもその名残があり、ファッション街としてのお洒落な雰囲気とのコラボがいかにもニューヨークのダイナミズムである。筆者も"Pastis"で何度か食事をとった事があるが、辺りをながめると、集う客がまさにニューヨーカーと言う感じである。さて映画に戻るが、主人公アンディは、ミランダのために彼女の嗜好に合わせて、そして夫とのプライベートな食事にぴったりの場所としてこの"Pastis"を選び予約したのである。ミシュランの三ツ星レストランではダメなのである。この機転が功を奏し、アンディは仕事振りが認められ頭角を現す。残念ながら映像シーンはなく、"Pastis"はセリフを音声で聞き取るだけである。異文化理解のカギとなる固有名詞が日本語字幕では消えてしまう一例である。日本語字幕に現れない英語音声（セリフ）が実はその作品の背景を知り、理解を深める上で重要な役割を果たしていることが多くある。リスニング・ワークシートで聞き取りをさせることも興味深い授業展開となるであろう。

中級

8 読解・聴解を取り入れた指導
～『刑事ジョン・ブック目撃者』で学ぶアーミッシュ文化～

ねらい
1. インターネット（英文）、補助教材によって映画情報、文化背景を学びながら読解力を養成。
2. 映画の視聴から、聴解力・英文理解力の向上、語彙習得を目指す。

使用映画
『**刑事ジョン・ブック目撃者**』(*Witness*, 1985, 112 分)
初めて都会を訪れる幼いアーミッシュの少年が殺人を目撃してしまう。刑事ジョン・ブック（ハリソン・フォード）が、少年と母親を守るために選んだ場所は、アーミッシュ農場だった。アーミッシュの文化は、このサスペンス映画の中で大きな役割を果たしているが、この文化についてはあまり知られておらず、学生にとって新鮮な映画である。

英語の特徴
比較的聞き易いアメリカ英語。アーミッシュの英語はシンプルで理解し易い。

学習内容
1. 映画に関する英文（インターネット、補助教材）を利用した読解練習。
2. ワークシートを用いた映画視聴による、リスニング練習と語彙習得学習。

学習形態
DVD、パソコン、ワークシート、別途教材 *Even More True Stories* "The Plain People" 2007

学習時間
90 分 × 4 回

評価
ポートフォリオとして提出されたワークシートの内容、リスニングテスト、まとめのテストの結果を総合的に判断。

授業の流れ / 準備と手順

1. 映画情報の検索。
- ◆ IMDb や Yahoo 映画データベースを使い、映画情報【ワークシート❶】を完成させる。

2. リーディング演習。
- ◆ アーミッシュについてネット情報や記事を読み、各自ワークシート「The Amish」【ワークシート❷】に取り組む。答えを確認し、アーミッシュ文化について話し合う。

3. 選択した場面の視聴。
- ◆ 音声は英語、字幕は日本語。
- ◆ 各パートごとのワークシート【ワークシート❸】を読み、映画を観る。各自、ワークシートに取り組み、その後、ペアで答えを確認する。

4. リスニング演習。
- ◆ シーンごとの空所補充問題【ワークシート❹】に取り組む。繰り返し何度も聞いてみる。リスニングポイントの説明、発音、練習を行う。

5. まとめ。
- ◆ 映画についての簡単な空所補充問題に取り組む。小テスト形式。
- ◆ 映画の感想、感動したシーン、登場人物について、クラス全体で話し合う。

6. ポートフォリオの作成。
- ◆ 目次、表紙の作成。
- ◆ すべてのワークシートをポートフォリオとしてまとめる。

ワークシート

1 Complete the information below.

Witness, which was released in _____ , was directed by _____ . It has won many awards such as _____ _____ . In this movie, a police officer, _____ protects an Amish boy, who witnesses a —————— in the bathroom.

2 Read about the Amish on the Internet and in the textbook to answer the following questions.

(1) Where did the Amish come from?

_____

(2) What language do they speak at home?

_____

3 Watch *Witness* (Chapter 1) and answer the following questions.

(1) What was happening at the beginning of the movie?

_____

(2) Why were there so many people at the house?

_____

4 Listen and complete the conversation.

JOHN : _____
RACHEL : Samuel.
JOHN : And he is your _____ ?

COLUMN

アーミッシュ (Amish) の歴史と文化

　近代文明を受け入れることを拒否し、300年前とあまり変わらない自給自足の生活を送っているアーミッシュがアメリカに住んでいる。しかし日本では彼らについて、あまり知られていない。アーミッシュの歴史は、1600年代にさかのぼる。スイス人のヤコブ・アマン (Jacob Amman) は、メノナイト (Mennonite: キリスト教の一派、メノー派) の当時のリーダー、ハンス・リースト (Hans Reist) との意見の相違から、メノナイトを離れ、さらに厳しい規律や秩序を重んじる宗教団体であるアーミッシュを設立した。そして1700年代には宗教迫害を逃れるため、3,000から4,000人のアーミッシュがアメリカへ移住した。以後300年の間アーミッシュの人々は、自分たちの宗教や生活習慣を維持するために、周りのアメリカ社会とは極力交わらず、昔ながらの生活を続けてきた。

　アーミッシュはペンシルベニア・ダッチ (古いドイツ語) を話し、主にインディアナ州ラグランジ群、オハイオ州ホルムズ群、ペンシルベニア州ランカスター群などに住んでいる。電気、電話、車などを使わず、農業を中心とする自給自足の生活をしている。彼らが守らなければならないオードナング (Ordnung) 掟には、洋服、言語、結婚、教育など日常生活のあらゆる決まりが記されている。

　アーミッシュの人々は、自分たち以外のアメリカ人を「英国人」と呼び、外部の人たちとの関わりを避けてきた。しかし、外部との関係を断ち切ることは難く、偏見からの事件も起きている。2006年に起きたアーミッシュの学校での銃発砲事件は、全米を揺るがし、後にドキュメンタリーとしてテレビでも放送された。この残虐な事件を起こした犯人を許したアーミッシュの人たちの優しさに、アメリカの人々は心を打たれた。『刑事ジョン・ブック目撃者』の中にも、心ない若者からの嫌がらせに我慢できずに立ち上がるジョン・ブックに対して、アーミッシュの人々が (それ (暴力) は私たちのやり方ではない) と暴力行為を否定するシーンがある。何をされても、耐え抜くアーミッシュの価値観をうかがい知ることができる。

中級

9 映像を利用したリテラシー学習
～現代コメディー『団塊ボーイズ』～

ねらい
音声・字幕などの言語情報なしで、どこまで理解できるか挑戦する。

使用映画
『団塊ボーイズ』(*Wild Hogs*, 2007, 99分)
舞台は米国。閑静な住宅街に暮らす中年仲良し4人組。彼らの趣味は愛車のハーレーに乗って市内をミニツーリングすること。一見満たされた生活を送っている団塊世代の4人は、実際は日常のどこかにストレスを抱えている。ある日彼らは、仕事、家族、日常のすべてを忘れて、あたかも大学生が青春を謳歌するように無計画ツーリングへ出かけるのだった。

英語の特徴
アメリカ英語。ステレオタイプに基づく人物設定と特徴のある会話表現。ソーシャルな会話がほとんどなく、パーソナルな会話に終始するので、日常的な表現、考えや感情を伝える相互理解のためのコミュニケーションなどが学べる。

学習内容
映画映像リテラシー学習(映像を解釈する力の育成)を取り入れ、英語言語・文化理解を深め、その場で実践学習。

学習形態
DVD、*The Daily Yomiuri* "Film Takes"(2011年11月連載終了)を使用、ワークシート、5名前後のグループ学習

学習時間
90分×3回

評価
授業でのエクササイズに準じた形式の試験を定期的に設ける。実践力を測るため、後半は授業で扱わなかったシーンを利用する場合もある。

授業の流れ	準備と手順
① 映画のプロダクション情報の確認。	◆ 映画についての基本的な情報と用語を英語で確認する。映画/データーベース（IMDbなど）の情報をプリントにして用意する。辞書などを使用し、規定時間内（5分程度）にグループで情報や用語の確認をする。【ワークシート①】
② 作品のトレーラー or/and オープニングシーンの視聴。	◆ 物語の筋や作品の内容を把握しやすいトレーラーを視聴。続いて作品のオープニングシーンを字幕無しで視聴。映像情報から作品内容を読み取るリテラシー訓練も兼ねる。（作品最初の5〜10分目安） ◆ 視聴後に物語、舞台背景、人物像などの補足解説を行う。
③ 特定シーンの視聴。(映像のみで、字幕も音声も付けない)	◆ DY紙記事を参考にシーンの視聴をする。字幕無しで言語外情報の把握とリテラシー能力をみがく。英字幕で視聴（2回ほど）。 ◆ 時間があれば、音声・字幕無し、つまり言語情報なしでどこまで理解できるかを試す。
④ 選定シーンのセリフ確認とエクササイズ。	◆ 固有名詞や語句の解説を行い、シーンを見ながら空所を埋めさせる。その後、解答と解説をし、表現、構文などの確認をする。
⑤ 選定シーンの総合理解問題エクササイズ。	◆ シーンの内容理解を量る簡単な設問に答える。（学生の英語スキルレベルによっては英文で解答させてもよい）【ワークシート②】

ワークシート

1 作品プロダクション情報を集めよう。

	対応箇所解答欄 (English)
作品名	
監督	
脚本	
公開日（日本）	
ジャンル	
製作会社	
配給会社	
レーティング	
上映時間	
画面比	
興行収入	
国内	
国外	

2 内容理解クイズ

(1) What is Woody's suggestion?

(2) What does "real miles" mean?

(3) What does "bigger picture" mean?

(4) What is Doug's occupation?

(5) What did Doug use to be called in college?

COLUMN
Conventional Film としての『団塊ボーイズ』

　日本での公開が 2008 年 2 月と比較的新しいアメリカ映画。現代を舞台にした庶民的なコメディー映画に分類される作品。この手の現代コメディー作品は、アメリカ国内ではとても人気のジャンルで、年間の作品本数も大きなシェアを誇っているが、日本へ輸入され上映される作品はそのうちのわずかである。一体どうしてコメディー作品は日本で公開されにくいのだろうか。この疑問をひもとくことで、映画で英語教育を行う上での重要なキーとなる要素、また現代コメディー作品を扱う意義などを探ってみたい。

　まず最初に、コメディー映画はステレオタイプの宝庫である、ということだ。ここでのステレオタイプとは、「思想、風習、因襲、ジェンダー、宗教観など社会集団の成員が共有し、特定の意味を担う形式化もしくは紋切り型化された固定観念・概念」である。英語では同意義で convention とも言われる。『団塊ボーイズ』のような現代モチーフのコメディー作品は conventional film としてアメリカでは馴染まれている。コメディー作品に限ったことではないが、ステレオタイプという要素がコメディーであるがための大きな役割を果たしているということなのだ。つまり、コメディー作品をコメディーとして楽しむためには、背景にある言語・文化理解を必要とする。

　次に、映画作品を指してステレオタイプ化とは 2 種類あることを確認しておきたい。1 つは、映画自体としてのステレオタイプ。ジャンルとしての要素、そしてそのジャンルの雛形に沿った物語構造や登場人物の役割、舞台設定などである。同類ジャンル作品内容を引用したり、当てこすったりするようなこともしばしばある。つまり映画史的な視座でのステレオタイプ化がある。もう 1 つは、作品外のコンテキストについてのステレオタイプ化である。これは現実社会にあるステレオタイプを作品内へ投影する、いわゆるミラー化だ。そしてコメディーというジャンルの中では、このミラー化に拍車がかかる。少し行き過ぎた形でステレオタイプを強調することで、「こっけいさ」を作り出しているからだ。この両者のステレオタイプ化がうまく化学反応を起こすことでコメディー作品としての深みが与えられる。

　こうした現代コメディー作品の特性を利用して、語学学習だけでなく、異文化や映像リテラシー学習も同時並行的に行える利点がある。

中級

10 "笑いのツボ"を探しながら英文読解練習
～ジム・キャリーの『イエス・マン』～

ねらい
1. ユーモアの定義に沿って"笑いのツボ"を探しながら、英文読解学習を進める。
2. ユーモアを通して異文化に触れる。
3. 「前向きに生きる」ことについて考える。

使用映画
『イエス・マン』(*YES MAN*, 2008, 104 分)
生きることに消極的で引きこもりがちな主人公が、すべての質問に"イエス"と答えることで、前向きに、積極的に生きていこうとする姿を、ジム・キャリーがユーモア溢れる演技で熱演する。

英語の特徴
英語のセリフが短く、コメディー映画にありがちな乱暴な言葉使いがない。

学習方法
ユーモアの定義を示した後に、その定義に沿って英文シナリオからユーモラスと思われる箇所(笑いのツボ)を探しながら、英文読解学習を行う。(グループまたは個人学習)

学習形態
グループ活動を中心とした学習者中心型授業。

学習環境
DVD、読解クイズのワークシート

学習時間
90 分 × 2 ～ 4 (回)

評価
グループ活動(3) + ワークシート(4) + 発表(3) = 計(10)

授業の流れ	準備と手順
① ユーモアについての意識付け。	◆ "Who is your favorite comedian?" "What is a good effect of laughter?" など質問を投げかけながら"ユーモア"や"笑い"についての興味を喚起する。
② 映画の解説と英文シナリオの読解。【ワークシート1 2】	◆ 大まかなストーリーと語句を解説し、英文シナリオを読解する。 ◆ "前向きに生きる"ことで人生の道が開けるという映画のメッセージを確認。
③ 映画を見る。	◆ 上級者・中級者には音声・字幕は英語。初級者には音声は英語、字幕は日本語。 ◆ 映画をすべて見せるのもいいが、テキストのシーンごとに切り取って見るのもよい。
④ ユーモアの定義を示して、アクティビティの説明をする。【ワークシート3】	◆ ユーモアの定義を説明する。 ◆ グループごとに担当シーンを振り分ける。 ◆ グループ数はシーンの数に応じて設定。
⑤ 英文シナリオから笑いのツボを探し出す。（グループ単位）【ワークシート3】	◆ ユーモアの定義に沿って、笑いのセリフをグループごとに担当シーンから探し出しワークシートに抜き出す。 ◆ 必ず映像も参考にする。必要ならば該当シーンを再生して確認する。
⑥ グループごとに成果を発表。	◆ グループごとに成果を発表。この時教員は補足的に語句や文法解説を加える。

ワークシート

1 作品の背景と重要語句を学びなさい。

1. 映画作品：『イエス・マン』"YES MAN" 2008 アメリカ
   Warner Bros. Pictures
2. テ ー マ：消極的で引きこもりがちな主人公がすべてに対して"イエス"と言って前向きに積極的に生きようとする姿をユーモラスに描く。
3. 重要語句：a water: コップ一杯の水　get: もらう　make out: (俗語)ここでは「男女の関係を持つ」の意味から guy を付けて「変態男」　Yeah: ええ、そう(口語)
   stalk: ストーカー行為をする

2 映像を見ながら、以下の英文シナリオを読んで笑える場所を確認しなさい。(44:37 〜 46:56)

Allison :Can I get a water? Hey. Out-of-gas make-out guy.
Carl :Did we make out? Oh, right, we did. Now I remember.
Allison :What are you doing here?
Carl :I know. Is this crazy or what?
Allison :It's so crazy.
Carl :Yeah.
Allison :Are you stalking me?
Carl :No. I would never do that. By the way, your new living-room furniture looks great from the yard.

3 以下の英文はこの映画で使われているユーモアの定義を示します。定義を参考にして、続きの映像を見ながら"笑いのツボ"(ユーモア)が成立すると思われる箇所の字幕英文又は場面を抜き出し、その理由を説明しなさい。

Humor: Humor is a form of ridicule that involves the process of judging or degrading something or someone thought to be inferior.

笑いのツボ：＿＿＿＿＿＿＿＿＿＿＿＿＿＿＿＿＿＿＿＿＿＿
　　　　　＿＿＿＿＿＿＿＿＿＿＿＿＿＿＿＿＿＿＿＿＿＿

理　由　：＿＿＿＿＿＿＿＿＿＿＿＿＿＿＿＿＿＿＿＿＿＿
　　　　　＿＿＿＿＿＿＿＿＿＿＿＿＿＿＿＿＿＿＿＿＿＿

COLUMN
ユーモアと笑いから異文化を学ぶ

　英語の授業でどの映画を使おうかと迷ったとき、コメディーがお薦めだ。なぜなら、授業が楽しい雰囲気になって盛り上がるからだ。また英語文化圏では、ユーモアのステイタスが高く、いかにユーモアを兼ね備えているかによって人の評価が決まると言われ、教材として興味深いテーマだからだ。ただしユーモアを導く"笑いのツボ"は、文化によって異なることがあり、異文化理解が必要だ。言い換えれば、格好の異文化理解の教材になるということである。例えば映画館で、近くに座っている外国人の笑っている箇所や笑い方が、自分や周囲と違うことに気づくことがある。またTVドラマの劇場版を見ているときも、観客の笑っている箇所が自分と異なっていたり、不自然に感じたりすることがある。これはまさに文化の違いからくる"笑いのツボ"の違いによるものだろう。

　アメリカTVドラマ・シリーズ『アグリー・ベティ』"Ugly Betty" 2006の冒頭で、見るからにファッションとは縁のなさそうな主人公ベティが、ファッション雑誌「モード」の面接の順番を待っている場面がある。メキシコ系移民のベティが、ポンチョを着たファッショナブルな初対面の女性に、「あなたのポンチョ素敵ね。私も持ってるわ。父さんがグアダラハラに行った時に買ってきてくれたの」と、得意げに話す。グアダラハラはメキシコ西部の中心都市であるが、ベティにしてみれば、メキシコ特産のポンチョを持っているということはちょっとした自慢なのだ。ところが相手の女性は、自分のポンチョがイタリアのミラノ、しかも一流ブランドDolce & Gabbanaの最新作であると言って、ベティをばかにしたように席を立つ。この2人の落差が笑いを誘う。ポンチョならメキシコと考える文化と、ファッションならミラノと考える文化との違い・落差が"笑いのツボ"に落ちる。この後ベティは、「モード」への出社第1日目に、この派手なグアダラハラ土産のポンチョを着てさっそうと登場し、再び笑いを取る。

　また、大島希巳江『日本の笑いと世界のユーモア』(世界思想社、2006)は、ユーモアには、社会的な関わり、攻撃の緩和、精神的ストレスの緩和、メッセージを印象強く伝えるなどの効果や機能があるとも述べている。グローバル化が加速している今日、ユーモアを教材として扱う意義は大きい。

中級〜上級

11 イングリッシュ・ライティング練習
～『シンデレラマン』の「記者会見報告」を英文で書く～

ねらい
1. ライティング用のトピックを選び出す練習をする。
2. 「記者会見報告レポート」を英文パラグラフ・ライティングする。
3. 2度目のチャンスに挑戦して奇跡を起こした実在したボクサーの感動ドラマを鑑賞する。

使用映画
『シンデレラマン』(*CINDERELLA MAN*, 2004, 140 分)
1929 年、ウォール街の株暴落で始まった経済大恐慌時に、悲惨な生活を強いられながらも世界チャンピオンとなって、夢と希望を市民に与えたジム・ブラドック (1905 - 74、アイルランド系アメリカ人プロボクサー) の人生軌跡を描いた実話。

英語の特徴
1. 仮定・不確定要素などの if 節が多用されている。(計 26 回出現)
2. 記者会見の定例質問・実況放送でボクシング用語のほか、俗語・罵声語も出現する。
3. 本映画には、説得・インタビュー・感情などの言語機能を有する英語表現が多く出現する。

学習内容
映画から、トピックを見つけて、それに関するレポートをパラグラフ・ライティングで書く。

学習環境
CALL 教室／視聴覚室で、映画 DVD を使用する。
名作映画完全セリフ集「シンデレラマン」
ジム・ブラドック選手の公式サイト http://www.jamesjbraddock.com/

学習時間
90 分 × 4 回

評 価
英文パラグラフ・ライティングを評価。(※ワード文書で提出)

授業の流れ	準備と手順
① 映画のトピックへの関心。	◆ "This movie is based on the true story of a boxer, Jim Braddock, who enters the boxing ring to feed his family, in the Depression era, New York. Chance comes true. Fortunately or unfortunately, he faces heavyweight champ Max Baer. That day, Braddock's dignity, courage and determination give hope to a nation. His nickname is Cinderella Man. Why is he called by that name? Who plays the role of Cinderella Man?" と、質問を投げかけながら、映画の場面に潜在する"トピック"を考えさせる。
② 映画のトピックを説明。【ワークシート①】	◆ トピック例:「息子との約束」「失業者」「プロの根性」「記者会見」「3人の男の夢」「スポーツマンシップ」ほか。
③ 映画の前半部を視聴。	◆ DVD Chapter 1～7までを視聴して、トピックを考えさせる。
④ 映画の後半部を視聴。トピックを抽出して表に記入する。⇒ワークシート①	◆ DVD Chapter 8～19までを視聴して、トピックを考えて、日／英で書かせる。
⑤ Chapter14の前半シーンを視聴してメモを書く。⇒ワークシート②	◆ Chapter 14の前半シーンを視聴させて、記者会見の様子をメモさせる。
⑥ 記者会見の内容をまとめて英文で書く。⇒ワークシート③	◆ Chapter 14の記者会見シーンの概要を、報告文として英文で書かせる。パラグラフ構成で英文レポートを仕上げる。

91

ワークシート

1 DVD を視聴して Chapter ごとのトピックを表に書き入れなさい。

THE GREAT DEPRESSION	Chapter 1 - 6
	Chapter 2 後半
A SECOND CHANCE	Chapter 10
	Chapter 11
PRESS INTERVIEW	Chapter 14 前半
	Chapter 15
	Chapter 18 - 19

2 Chapter 14 前半を視聴して、記者会見のレポートを書くために必要なメモを英文で作りなさい。

記者会見が行われている会場の様子	
Daily News の記者 Frank Essex の質問とその応答	
Boston Globe 紙の記者 Bob Johnson の質問とその応答	
Wilson の質問とその応答	
Chicago Tribune 紙の記者 Jake Greenblatt の質問とその応答	
New York Herald 紙の記者 Sporty Lewis の質問とその応答	

3 記者会見の内容を英文レポートに仕上げて提出しなさい。
（※英文の構成がパラグラフ・ライティングになっていること。スペルチェックをした後に、ワード文書で提出する。）

COLUMN

ボクシングと米国人の"ファイティング・スピリット"

　ボクシングがスポーツとして確立したのは、1839年にロンドン懸賞試合ルールが制定され、リングが採用されたころと言われている。古代オリンピック第23回大会（668年）の競技種目となり、ルールが整備され、アメリカにおいては、1920年代から30年代がボクシング興隆期となった。

　ボクシングだけでなく、競馬、ゴルフ、フットボールなどのスポーツが、アメリカの人々の心をつかんだのは、意外にも、アメリカ経済大恐慌（The Depression）の最中であったという。それはまるで社会現象のような勢いであったらしい。『シンデレラマン』（*Cinderella Man*, 2005）や、ゴルファーのバガー・ヴァンスの青春の苦悩とプレイヤーとしてのカムバックを描いた『バガー・ヴァンスの伝説』（*The Legend of Bagger Vance*, 2000）、幻の馬シービスケットと調教師と騎手の物語『シービスケット』（*Seabiscuit*, 2003）などの映画から、当時の人々の熱狂振りを知ることができる。

　なぜ経済大恐慌時に人々がボクシングに熱狂したのかと、不思議に思うのだが、ひとつの背景として、当時の過酷な経済・社会環境に立ち向かうアメリカ市民に夢と希望を与え、困難を克服する力、つまり、ファイティング・スピリットを与えたと考える。映画の中でも、ファイティング・スピリットを持った実在した主人公たちが、アメリカン・ドリーム実現の原点となって、当時の思潮に生き生きと呼応するからだ。そして、見る側を力強く引き寄せ魅了する。ボクシングはこのファイティング・スピリットを表象したスポーツで、まさにアメリカにはボクシング文化があると納得できる。ちなみに、映画『シンデレラマン』に登場する主人公ジム・ブラドック（1905 - 74）は、アマチュアのボクサーからプロに転向し、アイルランド系アメリカ人プロボクサーとして人生中盤で2度目のチャンスに挑戦。ついに15ラウンドを闘い続けて伝説的なタイトルを獲得。以後2年間、世界チャンピオン・タイトルを維持した後、引退するが、名誉あるボクサーとして2001年国際ボクシング名誉の殿堂博物館入りを果たした。

　公式サイト http://www.jamesjbraddock.com/ には家族の写真、伝記本、試合写真、映画DVD、映画の脚本（Shooting Script Book）が展示されているので、よい参考になる。

12 印象的場面を利用した冠詞の学習
～『スター・ウォーズ』を通して～

中級

ねらい
1. 映画の場面、セリフ、状況を考慮して冠詞の用法を考えさせる。
2. 冠詞について学んだ理解を英作文に反映させる。

使用映画
『**スター・ウォーズ**』(*Star Wars*, 1977, 121 分)
ジェダイの騎士が活躍するSF映画。第1作が1977年に上映されて以来、全6作がそろっており、世代を問わず楽しめる。また2005年の第6作で悪役のDarth Vaderがどのようにして誕生したかが描かれており、エピソード上、本作に直結しているため、古さを感じさせない。

英語の特徴
素直な英語なので聞き取りに適しており、印象的場面を抜き出しやすい。

学習内容
英作文や文法を考えさせる授業の中で、(1) 状況設定を十分に把握してから、冠詞の基本的用法の解説をしつつワークシートを用いた練習問題に取り組んだ後、(2) 冠詞の基本用法に慣れたかどうか、別の問題で確認する。

学習環境
- DVD、ワークシート
- セリフ以外にも、脚本のト書き部分やノベライズ本 *Star Wars* を利用すると、短い場面で多くの問題を作成できる。

学習時間
90分×1回
前半と後半に分け、手順の1～5を繰り返すと習熟させやすい。

評価
1回の授業でプリントの答え合わせと解説まで終わらせ、別の機会に理解度を確認するために別の問題で試験を行う。その際にやさしい問題を必ず入れて、自信をつけさせる。（文脈や状況が明確になっていれば、映画以外から作問することも可能）

授業の流れ / 準備と手順

1. 映画視聴と状況の把握。
- ◆ ストーリーを理解させ、登場人物同士の関係を把握させる。難しい箇所にはあらかじめヒントを与える。(5分くらいの場所を使う場合はプリントの中のキーワードを確認させた後、再び視聴させてもよい)

2. 冠詞の問題に取り組む。【ワークシート】
- ◆ 穴埋めに際しては(a)不定冠詞か定冠詞か、(b)単数形か複数形か、(c)無冠詞の可能性はないか、(d)所有形容詞が使えるか、を考えさせる。

3. 映画再視聴。
- ◆ 難易度を低くしたい場合は2択や3択など、選択問題にする。答え合わせ前の映画再視聴は、難易度軽減に役立つ。

4. 答え合わせと解説。どの冠詞がなぜ選択されたか。
- ◆ 基本的考え方は、不定冠詞のaは本来数字のoneを表していたため、「あるひとつの〜」という和訳が可能。一方定冠詞のtheは本来指示形容詞thatに由来していたので、「あの〜」とか「その〜」と訳せる。(別解を考える際も、同様に考える)

5. 別解はあるか？ それによる意味の違いは何か？
- ◆ 別解の可能性を考えさせる。
- ◆ 問題をたくさん作った場合は、まず前半を答え合わせまで進み、後半は改めて解答を考え直させると解答率が上がる。

6. 一般の英作文に応用。
- ◆ じっくり考えさせるためには自由作文の際に応用するのが最適なので、作文の補助教材として使うのが望ましい。

ワークシート

<＂冠詞＂の問題例＞
映画を見てから、次の英文のカッコ内に適切な冠詞を入れなさい。不要な場合は（×）を記入しなさい。なお、必要に応じて some、your、his などの冠詞相当語句を使いなさい。

"Your father's lightsaber," Kenobi told him. "At one time they were widely used. Still are, in certain galactic quarters."
 Luke examined [1] controls on [2] handle. Instantly [3] disk put forth [4] blue-white beam as thick around as [5] thumb. It was dense to [6] point of [7] opacity and a little over a meter in [8] length. Strangely, Luke felt no heat from it, though he was very careful not to touch it. He knew what [9] lightsaber could do, though he had never seen one before.

＜授業中の解説例（Teacher's Manual＞
[1] と [2] は手渡されたばかりで目の前にある武器の一部を指すので場所が特定され、the となる。もし a を使うと、その武器の中にほかにも control や handle が存在する可能性が強くなる。[3] も同様に考えて the を入れる。一方 [4] では a を選択することにより Luke が初めてビームを見て驚いたことを明確にできる。つまり [4] は「新情報」を表す不定冠詞である。[5] はそのビームが親指くらいの太さであることを説明しているので、持っている Luke の親指を基準に太さを比較し、his を入れる。[6] は熟語として to the point of... を学習させる。[7] はビームの「不透明さ」を表す opacity が抽象名詞であることから無冠詞を選択する。the を直訳すると「あの（or 例の）不透明さ」という不自然な表現になる。[8] は in length 全体を熟語として学ばせる。a little over a meter in length 全体では「1 メートル強の長さ」という意味。[9] はライトセイバーの使い道について Luke がようやく理解する場面である。その際、「このライトセイバー」がどのようなものか、という意味ならば the、あくまでも一般論として「そもそもライトセイバーとは」どんな武器なのか、という意味ならば a となる。末尾近くの one は a lightsaber を意味するので、それに対応させて a を選んでおこう。マーク・ピーターセン著『日本人の英語』（岩波書店）は必読である。

COLUMN

たかが冠詞、されど冠詞

　冠詞の違いがどのくらい意味内容に影響を与えるか、セリフで考えよう。

(a) This is [1] weapon of [2] Jedi Knight.

　ルークがライトセイバーを手渡される場面である。"What is it?" と尋ねる Luke に対し、オビワン（＝ベン）は「おまえの父親のだ」と説明する。①Jedi Knight は何人もいて、彼らがみんなライトセイバーを持っていたこと、②この武器こそがジェダイの騎士を象徴すること、以上が前提となり、「ある1人の騎士」= a Jedi Knight が持っている武器であり、それこそが彼らを象徴する決定的な「あの武器」「例の武器」= the weapon となる。もしジェダイの騎士が1人しかおらず、それが Luke の父親であり、また彼だけにライトセイバーが手渡されていたのだとしたら、[1]、[2] 共に the が入り、「例の」Jedi Knight が持っていた「例の」weapon になる。逆に Jedi Knight の持つ武器が lightsaber だけでなく、ほかにもあって、それらがみんな lightsaber 並みに「使える」武器であったならば、[1] には a が入り、lightsaber は「1つの武器」に過ぎなくなる。

(b) [3] young Jedi named Darth Vader, who was [4] pupil of mine until he turned to [5] evil, helped [6] Empire hunt down and destroy [7] Jedi Knights.

　Luke の父親すなわち Darth Vader について、オビワンが説明するセリフである。オビワンには弟子が大勢いて、Luke の父親（= Darth Vader）はそのうちの「1人」だから [4] は a になる。[3] は Darth Vader を初めて紹介する場面で、彼も実は young Jedi の「1人」だから a が入る。つまり「新情報」は原則として「不定」である。次に evil を辞書で引くと、「善悪」の「悪」を表す名詞は [U] = uncountable なのである。従って [5] は単数になる。もし the が付くと、「例の悪」=「旧情報」となり、それ以前にどこかで言及されていなければならない。純粋な抽象名詞だから無冠詞である。[6] は大文字表記 Empire から分かるように、みんなが知っている「帝国」ゆえに the となる。[7] の「the + 複数形」は全体を総括する用法なので、騎士たちは当時みんな死んだらしいと推測できる。

13 総合英語学習教材として
～『ダークナイト』The Dark Knight ～

中級

ねらい
英語の4技能を総合的に学ぶ。

使用映画
『ダークナイト』(*The Dark Knight*, 2008, 152分)
ゴッサム・シティーの平和を脅かす悪の化身ジョーカーと戦う、正義の味方ダークナイト(闇の騎士)の死闘を描く。

英語の特徴
主としてアメリカ英語が話される。しかし、大都会ゴッサム・シティーは様々な人々の集まる大都会であり、外国語の影響を受けた英語も飛びかう。たとえば執事のアルフレッドは英国人マイケル・ケインの英語、ラウは中国語、バレリーナのナターシャはロシア語のアクセントが残る英語を話す。バットマンは、正体を悟られないためにブルース・ウェインの時とは異なるハスキーな、こもった声で話すため、やや聞き取りにくい。それに対してジョーカーの英語は、明晰で表現豊かである。犯罪や警察に関連した用語が使用されるが、全体的に聞き取りやすい。

学習方法
リスニング、リーディング、ライティング、スピーキングの4技能を学習する。

学習環境
- DVD『ダークナイト』
- テキスト『ダークナイト』
  (株式会社フォーインスクリーンプレイ事業部 2010)
- およびリスニングCD『ダークナイト』(同上)

学習形態
個人学習者中心型授業(適時グループ学習に切り替える)

学習時間
90分×10回

評価
個人発表(3)+期末試験(6)+映画感想レポート(1)=10

授業の流れ	準備と手順
① 映画鑑賞(2コマ)。	◆ 映画のあらすじ、スタッフなどの簡単な説明入りプリント配布。
② DVD Ch. 23（テキスト pp.156-58）の聞き取り。	◆ CD、DVD、英文シナリオ使用。
③ DVD Ch. 23（テキスト p.156-58）の学生による音読(Batman、Joker、Gordon、ト書きの役を決めて音読)	◆ CD、DVD、英文シナリオ使用。
④ DVD Ch. 23（テキスト p.156-58）の音読部分を解釈(日本語訳、要約して解説)、Exercises	◆ 教科書使用、作品のテーマの質問事項と解答を用意。
⑤ 全体を通しての質問受け付け、および学生に映画の感想、問題点を披露させる。（学生の指名数は残り時間に応じて調節）	◆ DVD、英文シナリオ使用。
⑥ テスト：ヴォキャブラリー穴埋め、英文和訳、映画の感想および問題点の記述など。	◆ 問題および解答用紙の作成、試験後の採点時間の確保、学生の感想の集計。

ワークシート

1 作品の背景と重要語句を学ぶ。

1. 映画作品：DVD『ダークナイト』*The Dark Knight* (2008年、アメリカ) 152分、ワーナー・ホーム・ビデオ
2. テーマ：平和を脅かす悪の化身ジョーカーと戦うゴッサムの活躍と苦悩
3. 重要語句：rip off= 盗む、complete= 補足する、garbage= くず、freak= でき損ない、cast out= 追放する、leper= ハンセン氏病患者、code= 掟、drop= 捨てる、at the first sign of =〜するとすぐに

2 **Dictation** (44:37 〜 46:56)

BATMAN: You're (1   ) who kills for money.

JOKER : Don't (2   ) like one of them. You're not. Even (3   ) you'd like to be. To them, you're just a (4   )…like me. They need you right now…but when they don't …they'll (5   ) you like a (6   ). You see, their (7   ), their (8   )…it's a bad (9   ). Dropped at the first (10   ) of trouble.

3 **Vocabulary Check** (次の語句の意味を説明しなさい)

(1) You complete me 　　(2) when the chips are down

(3) ahead of the curve

4 映画『ダークナイト』について感じたこと、あるいは考えたことを下記のキーワードをヒントに英語で書きなさい。

● If I were Batman, I would .....

● I think I am two-faced because .....

COLUMN

『ダークナイト』―トゥーフェイスの男たち

　『ダークナイト』の3人の男たちはみんなトゥーフェイスである。

　大富豪ブルース・ウェインの表向きの顔は、ウェイン産業の会長であるが、もう1つの隠された顔がゴッサム・シティーの仮面の救世主「ダークナイト」、つまりバットマンである。

　悪の化身「ジョーカー」の不気味なピエロの厚化粧は、トラウマを隠す仮面である。ジョーカーは幼少時、目の前で母親が父に殺され、笑顔にするためにナイフで口を切り裂かれた。さらにジョーカーは、借金のかたに恋人の顔を傷つけられたため、自分の顔も同じようにしたと映画の中では言っているが、本当かどうかは定かではない。

　新任検事ハーヴィー・デントは、ジョーカーの仕組んだ火事のために顔を真ん中から右側が元の美貌、左側を焼けただれた髑髏の顔のトゥーフェイス（2つの顔）を持つ。ハーヴィーは、マスクをつけずに悪と戦う「光の騎士」であったが、ジョーカーによって悪人に転落する。しかし、ハーヴィーは、自分の意志によって焼けただれた側の顔への皮膚移植を拒否したので、悪への志向は自身の選択である。ジョーカーは、ハーヴィーが隠蔽していた悪人の顔を露出させたにすぎない。

　悪が勝つのか、善がシティーの防衛に成功するのか、映画は結論を出さない。しかし、人類の罪をかぶって闇の騎士に徹する決心をするバットマンに、観客はアメリカの良心を見る。ジョーカーが仕掛けた殺し合いに船の乗客が挑発されずに理性をもって行動し、生き延びる場面に、人類の未来への希望が託されている。バットマンの言葉――「あんたは何を証明しようとしたんだ？　心の底はみんなもあんたと同じように醜いってことをかい？　醜いのはあんた1人でたくさんだ」"What were you trying to prove? That deep down, everyone's as ugly as you?　You're alone"――こそが、真実なのだ。

　この作品で第91回アカデミー助演男優賞を獲得したジョーカー役、ヒース・レジャーは、完成を待たずに急逝した。その怪演でわれわれ観客を楽しませ、『ダークナイト』をバットマン・シリーズの傑作にしてくれたヒースの冥福を心からお祈りする。

中級〜上級

14 映画・テレビドラマを使ってのゼミ指導の試み
～『フルハウス』を中心に～

ねらい
1. 英語のテレビドラマや映画から口語表現を学び、分析する。
2. 3−4年生のゼミ活動を通して「卒業プロジェクト」(卒論)を完成させる。

使用映画
『フルハウス』(Full House, 1987〜1995, 95分)および「卒業プロジェクト」のために学生がそれぞれ選択した作品
妻を交通事故で亡くしたダニーの子育てを、親友(ジョーイ)と義理の弟(ジェシー)が支えるというやや特殊な場面設定であるが、アメリカ人家庭のありようを垣間見ることができ、各種教育機関や祝日などの描写も豊富である。また3人姉妹(ミシェル、ステファニー、D.J.)が成長する過程で起こる様々なエピソードに学生が共感できる

英語の特徴
標準的なアメリカ英語。特に家庭で使用される表現が学べる。

学習内容
ゼミ授業(90分／週)は3年生のみが出席し、フルハウスに取り組む。4年生は各自「卒業プロジェクト」に取り組み、添削指導を随時行う。

学習環境
プロジェクター、PC、ブルーレイディスクプレーヤー、教材提示装置など。通常教室であるが最新のAV機器を装備している。

学習時間
3年次〜4年次の2年間。

評価
出席、授業での貢献度、発表、「卒業プロジェクト」への取り組みと完成度などを総合的に判断する。

授業の流れ

3年生ゼミ授業（90分/週）

3年次1学期

【ハンドアウト作成】
- ◆ 『フルハウス』の英文シナリオを数シーンごとにゼミ生に割りあてる。
- ◆ 担当箇所に以下を追加して発表用ハンドアウトを作成させる。
  - ①日本語訳
  - ②ワード＆フレーズ
  - ③文法説明
  - ④カルチャーノート
- ◆ 重要表現や文法事項は、コーパスを使って用例を集めさせる。

【学生発表】
- ◆ 発表者は週に1人。担当箇所を全員で見た後、ハンドアウトの内容を議論。担当者はそれをもとに修正。

学期末：全員のファイルを連結して編集し1冊の「本」にする

3年次2学期

【学生発表】
- ◆ 週に1人ずつ「卒業プロジェクト」の一部を発表。

4年次

準備と手順

学生個人の「卒業プロジェクト」

【「卒業プロジェクト」の制作開始】
- ◆ 各自好みに合った映画・テレビ番組のDVDを入手し、左記の書式に倣って「卒業プロジェクト」を書き進める。
- ◆ 多くの英文シナリオはWebから入手できる。ただし、英語学習として効果が高いのは、手作業で英語字幕を入力してからセリフを聞き取って、省略されている部分を補うやり方。

タームペーパーとして「卒業プロジェクト」草稿を提出

- ◆ タームペーパーを添削指導。
- ◆ 「卒業プロジェクト」制作を継続。

「卒業プロジェクト」草稿提出

- ◆ 「卒業プロジェクト」制作を継続
- ◆ 随時面談し添削指導

1月「卒業プロジェクト」完成

「卒業プロジェクト」の書式

1	表紙	※ タイトル（例）：『August Rush（奇跡のシンフォニー 2007、アメリカ）』における口語表現と文法の研究』
2	要旨	※ 英文で 500 語以内。
3	目次	
4	序文	※ 作品情報、あらすじ、登場人物の説明、役者情報など。
5	本文	※ シーンごとに 　①英文スクリプト（場面説明のためのト書きも） 　②日本語訳、 　③ワード＆フレーズ、 　④文法説明、 　⑤カルチャーノート をつける。 ※ 英語字幕はそのまま写さず、セリフをよく聞いて正確に書き取る。ネットからダウンロードした場合も同様。
6	語法研究	※ おもしろい用法や言い回しを 10 ぐらい考察する。 ※ 用例をコーパスで集めて整理し、英文法規則を定式化。
7	まとめ	
8	参考文献	

COLUMN

Dad, you are a fox.

　家庭英語の宝庫『フルハウス』(Full House, 1987 - 95) には、やさしい語彙だがなじみがなく、使い方に驚く表現が多い。表題の比喩表現 Dad, you are a fox! もその1つである。自分の娘に「キツネ」呼ばわりされたら皆さんはどう思うだろうか？　前後の文脈と一緒に考えてみよう：

Danny : ...I've just had a horrible night. Denise and I didn't hit it off. I guess I'm just not the dating type.

D. J. : That's not true. You're tall, you're smart, and you're handsome.
　　　　Dad, you're a fox. If some girl's too dumb to see that, you don't want her anyway.

(『フルハウス』第2シーズン、第8話、Triple Date)
　交通事故で妻を亡くした父親 Danny は、デートがうまくいかないと言って落ち込む。その父を小学校高学年の長女 D.J.(Dona Jo の略) がなぐさめる場面である (この設定も筆者には驚き)。キツネには「狡猾でずるがしこい」というイメージが強いが、ここでは「魅力的な人」だろうか。
　映画やテレビ番組を見ているとほかにも動物を含んだ表現に出くわすことがある。日本語感覚からは意味を推測できないものも多いので実に厄介だ。いつの日にか英語の達人になることを夢見て、動物表現と動物の鳴き声を表す表現をマスターしなければならないと常々思っているのだが、今日まで達成できていない。読者の皆さんはどうだろうか？　最後に問題を1つ。"Don't have a cow."(『フルハウス』第5シーズン、第5話、The King and I) とはどういう意味だろうか？
　もちろん「牛を持つな」ではない。

中級

15 映画を利用してTOEICを学ぶ
～『ジョーブラックをよろしく』～

ねらい
1. ビジネスの現場（会議／交渉／案内など）を映像と共に擬似体験をし、モチベーションを高めながら、自然な会話と英語句を習得する。
2. 効果的なTOEICテスト対策とし、選択した映像シーンを活用し、発信型のコミュニケーションスキルを習得する。

使用映画
『ジョーブラックをよろしく』(*Meet Joe Black*, 1998, 180分)
卓越した見識を持つメディア界の成功者ビル・パリッシュは、65歳の誕生日を数日後に控えたある日、突然死神の訪問を受け、寿命を延ばす見返りに人間生活の道先案内人になるよう命じられる。次第に死神のジョー・ブラックとビルの間には男同士の友情が芽生え、さらにジョーはビルの娘スーザンと互いにひかれあう。ビジネスシーンが豊富なロマンス・ファンタジー。

英語の特徴
1. TOEIC単語、イディオム、bussiness communicationの定型表現が頻出する。
2. スピード、リズムともに標準的な英語である。

学習内容
1. TOEICのパートごとの対策として、映像と音声を利用して学習する。
2. ビジネスのテーマごとにリスニングとリーディングを練習する。

学習環境
DVD、ワークシート

学習時間
90分授業、全5回（リスニング／リーディング）

評価
毎回のワークシート（リスニングとリーディング各20問、合計40点）
全5回、合計200点をスコアレンジ換算表に当てはめる。

授業の流れ	準備と手順
①選択したシーンの鑑賞と難解な語句の確認。(15分)【ワークシート■】	◆ シーンの概略を説明し、語句の確認問題を作成する。(字幕無しの画面を理解するために)
②登場人物とシーンを英語で説明させる。【ワークシート❷】	◆ 登場人物の動作やシーンの状況を画面を変えながら発表させる。その際に、what、who、why、where、when、how を充分に満たす説明であるよう指導する。
③セリフの聞き取りと内容把握の練習。(15分)【ワークシート❸】	◆ 前もって聞き取りおよび内容に関しての設問ワークシートを作成しておく。
④ビジネス用語句を確認しながら、内容把握を中心とした読解練習。(20分)(TOEIC Part 6/7 対応)	◆ 英字幕付きのシーンを視聴しながら、内容と語句解説をする。速読力を養う。
⑤TOEIC の Part 5 の文法練習問題に取り組む。	◆ 前もって文法ワークシートを作成しておく。 ◆ セリフからビジネス英語のコロケーションに焦点を当てたワークシートの作成をすると効果的である。
⑥点数の集計と全体の解説。	◆ 答え合わせと解答の解説をする。 ◆ パートごとの点数を集計後、TOEIC 点に換算。

ワークシート

1 Vocabulary Check 英語句の確認

Match the words/phrases.

(1) unvarnished _____   (a) a special right or advantage that you have

(2) acquisition _____   (b) simple and honest

(3) privilege _____   (c) you buy or obtain it for yourself.

2 選択したシーンの描写を who、what、when、where、how を使って英語で説明しなさい。

_____

_____

_____

_____

3 Listen and fill in the blanks.

BILL : Okay, I think everything's come to the (   ) Shall we (   )?

DREW : The matter is still on the (   ) Bill.

4 Listening Part 2, 3, 4 対応問題

Choose the best answer.

(1) What is the agenda for today at the meeting?

   a) business proposal   b) relocation   c) advertisement   d) acquisition

(2) Bill recognizes Bontecou as he is _____

   a) a boring person   b) hungry and greed   c) generous

   d) a potential partner

COLUMN

英語教育に押し寄せる Globalization

　ビジネスのグローバル化が進む今日、英語のコミュニケーション skill を習得することが不可欠になってきている。資格試験の中でも有名な TOEIC（最高点 990 点）に対する大学生の関心度は高く受験者数はこの 10 年間ほどで飛躍的な伸びを示している。

　今日では多くの大学が TOEIC 関連の授業を行っている。TOEIC を主催する（財）国際ビジネスコミュニケーション協会が発表した 2010 年度のデータによると、約 61 万人の大学生が受験し平均スコアは 499、スコアの移行は 1 年生と 4 年生の学部によって異なるが 4 年間で最小（理工）の 24 点〜最高（国際関係）158 点アップとなっている。学生の採用時に約 7 割の企業が資格・特技として TOEIC スコアを考慮しているという時代のニーズを察知し、就職に有利な付加価値を付けようとする前向きな学生の姿が見えてくる。同協会によると一般的な企業が新入社員や内定者に期待するスコアは 430 〜 660 である。最近ではいくつかの著名な企業が英語を社内公用語にして日本人社員の英語コミュニケーション能力を鍛えようとする様子がマスメディアを賑わしている。

　2007 年、従来の Listening/Reading テストとは別枠で Speaking/Writing テストが導入された。S/W テストは output 型のテストである。それは PC の画像を見ながら受験者が制限時間内に答えを発信するものである。論理的な英文を構成する能力も問われる。この新しい形態のテスト対策には映画英語の活用が大いに期待される。映像を見ながらの shadowing は listening/speaking という 2 つの作業を同時に行うため、ほかの学習教材より数倍の効果がある。Writing test 対応としては登場人物、ストーリーの流れ、事象への意見・提案を記述するなど様々な運用法がある。参考作品として昨年度アカデミー賞にノミネートされた話題の映画「マイレージ、マイライフ」を取り上げてみよう。就職、人事、交渉、出張、空港／航空機内シーンには TOEIC に関連した語彙や、表現が満載である。主人公 Ryan が語る企業研修の講演スピーチや Natalie の社内プレゼンテーションのシーンは speaking だけでなく、writing（Q7-Q8）に活用すると効果的である。

第5章　専門・一般

1. 教科書『保育の英会話』の補助教材として ……………………………………… 112
 〜『Hello! オズワルド』を用いて感情表現を定着〜
2. 英語学習サークルで学ぶ …………………………………………………………… 116
 〜『ウェディング・シンガー』に見る男女の結婚観をテーマに〜

初級

1 教科書『保育の英会話』の補助教材として
～『Hello! オズワルド』を用いて感情表現を定着～

ねらい
1. 教科書での英語学習をアニメ映画を使って定着させる。
2. 英語に対する興味や自信を持たせる。

使用映画
『**Hello! オズワルド**』(*Oswald*, 2003, 1話12分)
子ども向けの1話完結型のアニメーション。心優しいオズワルド、自己主張の強いペンギンのヘンリー、陽気な花のデイジーなど、各登場人物の個性が生き生きと描かれている。毎回トラブルに巻き込まれるが、最後は必ずハッピーエンド。

英語の特徴
セリフは平易で短く、同じ表現の繰り返しが多いため、映像の助けを借りれば、初級レベルの学生にも英語での内容理解が可能である。また、登場人物の表情や動作も分かりやすく、映像を活かした言語活動に利用しやすい。

学習内容
教科書(『保育の英会話』)で学んだ英語を、子ども向けアニメ映画を見ながら確認し、応用練習を行う。

学習環境
テレビモニターとDVD再生機を設置した普通教室。

学習時間
全15回の授業(1コマ90分)のうち、4回の授業で使用。(1話が12分程度で、1回の授業の中で補助教材として用いるのに適当な長さである。)

評 価
ワークシート＋授業への参加・貢献

授業の流れ	準備と手順
① Words & Phrases	◆ 教科書 Unit6 降園場面のスキットで使われる単語・表現の意味を確認する。
② スキットの導入と練習。	◆ CD でスキットを聞く。 ◆ ペアで役割練習。
③ 応用練習。	◆ キーセンテンス "He looked <u>nervous</u> today." の nervous の代わりに uneasy、shy、lonely、upset、surprised、sleepy、excited などを用いて入れ替え練習をする。また、look の代わりに be 動詞および seem を用いた文も練習する。
④ アニメーションを見る。	◆ 音声・英語、字幕無し。
⑤ あらすじの英文完成。	◆ ワークシート（次頁参照）を用いて、あらすじの英文を完成させる。
⑥ 登場人物の感情を英語で表す。	◆ ワークシート使用。登場人物の感情を表す英文を完成させる。 ◆ アニメーションを最初から流し、該当場面で静止画にする。状況や画面から登場人物の感情を判断し、適切な語を書き入れる。
⑦ 発表。	◆ もう一度、該当場面で静止画にしながら、完成した文を口頭で発表。

ワークシート

Unit 6 ② 発展 ── 天候や感情の表現

天候や登場人物の感情に注目して "Oswald—One More Marshmallow" を見ましょう。

☺ 主なキャラクター
- Oswald（オズワルド）
- Weenie（ウィニー）
- Henry（ヘンリー）
- Daisy（デイジー）

🎬 次の文がストーリーと合うように、適切な語句を選びましょう。

　　Oswald invited his friends, Henry and Daisy, to (□a tea party　□a dinner party). Henry always has (□three　□four) marshmallows in his hot coco.　Oswald prepared (□three　□four) marshmallows.　But there were only (□one　□two) on the plate when Henry was going to have his hot coco.　(□Oswald　□Weenie) had eaten one.

　　Oswald went to buy a marshmallow.　As it looked like rain, he took his (□raincoat　□umbrella.)　He bought a marshmallow at Andy's.　It was (□sunny　□windy) and he was blown up in the air.

　　Henry and Daisy was waiting for Oswald.　They were　(□worried　□bored) because Oswald was being late.　When Oswald came back with a marshmallow at last, Henry had already had his hot coco!

Point 1 感情の表現

DVDを見て、次の場面の登場人物の気持ちを英語で表しましょう。

1. Oswald looked _____ preparing for a tea party.
2. Weenie seemed _____ when she was looking at the marshmallows.
3. Henry and Daisy looked _____ when they came to Oswald's home.
4. Henry seemed _____ when he saw only two marshmallows on the plate.
5. Oswald was _____ because he saw only two marshmallows on the plate.
6. Weenie looked _____ because he ate a marshmallow.
7. Oswald looked _____ when he was blown up in the air.
8. Weenie seemed _____ when she saw Oswald flying outside the window.
9. Oswald looked _____ when he was singing in the air.
10. Oswald seemed _____ when he came back.
11. Everyone looked _____ in the end.

COLUMN

『チャーリーと14人のキッズ』で保育英語を学ぶ

　映画『チャーリーと14人のキッズ』(Daddy Day Care, 2003) は、エディー・マーフィー扮する主人公のチャーリーが、会社をリストラされ保育園を始めるというコメディー。最初は保育を甘く見ていたチャーリーが次第に保育にやりがいを見出す姿と、様々なトラブルの中で成長を遂げる子どもたちの姿をコミカルに描いている。

　原題の Daddy Day Care (パパの保育園) が示すように、チャーリーが自宅で開いた保育所が舞台となっているので、保育の現場で使えそうな英語表現が満載である。お絵かきや読み聞かせの場面、show and tell というアメリカらしい活動の場面、食事の場面もあれば、排泄の場面もある。映像を見ながら子どもが話す日常の英語に触れることによって、英語を身近に感じることができるだろう。また、児童福祉局の査察が入る場面では、設置基準の英語表現も学べる。

　また、子どもが抱える各種の問題も描かれている。分離不安 (separation anxiety) のため母親から離れようとしない子ども、乱暴な子ども、意味不明な言葉しか話さない子ども…。食品アレルギーを持った子どもが "I can't eat..." と難しい食品添加物の名前を次々と挙げる様子は、何ともかわいらしい。

　チャーリーの保育園を敵視するチャップマン学園のハリダン園長と、チャーリーの教育観の違いも興味深い。ハリダン園長は子どもを「伸びる蔓」に例え、庭師が手入れをしてやらなければならないと主張し、チャップマン学園では早くも SAT (米国の大学進学適性試験) 受験に向けた教育が行われている。一方、チャーリーは子どもの自主性や個性を重視し、子どもたちの意見を取り入れて保育プログラムを作成する。両者の考え方を比べることによって、学生たちに自分だったらどのような保育を目指すのか、と考えるきっかけを与えることができる。

　映画の楽しさに加え、自分たちの専門と結びつくことで、英語の授業に対するモチベーションが高まる。さらに、「親なら保育ができると考えるのは甘い、他人の子どもを預かるなら高い水準が必要」というハリダン園長の言葉に発奮し、自分の保育園を改善していこうと努力するチャーリーの姿に、学生たちは自らの姿を重ね合わせることができるだろう。

2 英語学習サークルで学ぶ
～『ウェディング・シンガー』に見る男女の結婚観をテーマに～

ねらい
1. 社会人有志による英語学習サークルでのワークショップ用として、映画を使った英語学習の方法を提案し、広く利用してもらう。(当然、学校での利用も可能)
2. 「結婚観」をテーマに、関連するセリフを理解し、映画英語のおもしろさを味わう。

使用映画
『ウェディング・シンガー』(*The Wedding Singer*, 1998, 95分)
ドリュー・バリモアと、人気コメディアン、アダム・サンドラーの共演。結婚式を盛り上げるウェディング・シンガーという職業を通じて、1980年代の男女の恋愛を描く心温まるラブ・ストーリー。

英語の特徴
1. 例え話を使った間接的な言い回しが、学習者の表現力を広げるのに役立つと思われる。
2. メッセージが単純で理解しやすい。

学習内容
1. 登場人物の結婚観を表す英文を理解・鑑賞する。
2. 学習者それぞれの結婚観を含めて登場人物の結婚観について議論(ディスカッション)し英語で意見交換(会話練習)する。

学習環境
DVD、ワークシート

学習時間
90分×1回

評価
ディスカッションでの発言と会話練習での対応力

授業の流れ

● 90分のワークショップを想定。

1 映画の簡単な説明。

2 各登場人物の結婚観が表れている場面を鑑賞。

3 場面の解説。

4 ディスカッション（上級者の場合は英語で行う）。

5 会話練習。

準備と手順

● 手順例：学習者には事前に映画（DVD）を鑑賞しておいてもらう。

◆ あらすじと登場人物の紹介。

◆ ワークシート参照：映画のテーマは the right one（運命の人）。登場人物の結婚に対する思いを取り上げて紹介する。

◆ セリフ部分の英文テキストを配布し、単語、イディオム、文法、用法などの解説。

◆ 共感できる部分、できない部分など学習者の意見を聞く。

◆ 参加意識を高めるため、発言の機会を与える。

◆ セリフの中で使われている表現や場面の状況から、自己表現できるような質問をし、会話の練習をする学習者の数が多ければグループ分けして練習させる。

【会話練習の質問例】

1. Tell us your good or bad story that you had with someone.

2. What is the best compliment you ever had from your friend or partner?

3. Do you believe in destiny? Is there any reason to believe in it?

4. What do you like or dislike most about your current job?

5. What do you think of the balance between work and life?

ワークシート

＜登場人物の紹介とそれぞれの結婚観＞

登場人物紹介	結婚観を表す代表的なセリフ
Robbie (Adam Sandler) 良いやつの典型。かつて、音楽グループ Final Warning のリードボーカルでプロのミュージシャンを目指すが、今はしがないウェディング歌手として生計をたてている。Linda と結婚して貧しいながらも幸せな家庭を夢見ている。結婚には、相手を思いやる気持ちが大事と考えている。	**DVD Chapter 16 (48 分) 参照** I remember we went to the Grand Canyon one time. ... 以下省略
Julia (Drew Barrymore) ウブで正直、家庭的な娘。Glenn と結婚して、一緒に人生を歩み、一緒に老いていくことを夢見るウェイトレス。結婚とは、いつまでも変わらぬ愛だと信じている。	**DVD Chapter 16 (49 分) 参照** I always just envisioned the right one... 以下省略
Linda (Angela Featherstone) Robbie の婚約者で打算的。「6 年前のギラギラした Robbie が好き」などと言い訳をするが、結局のところ、しがないウェディング歌手とは結婚したくない。結婚に大切なのは、愛よりも裕福な生活だと考える。でも変わらぬ愛だと信じている。	**DVD Chapter 8 (49 分) 参照** I woke up this morning, ... 以下省略
Glenn (Matthew Glave) 悪いやつの典型。Julia の婚約者。証券会社で働くエリートだが女癖が悪くやたらに女を口説く。しかし結婚相手には家庭的な女性を求め、結婚後も浮気を続ける気持ち満々で、自分は好きなことをしたい。	**DVD Chapter 18 (59 分) 参照** I don't want to break up. ... 以下省略

COLUMN
女性の生き方を考えさせる映画

『ジョイ・ラック・クラブ』(Joy Luck Club, 1993)と『モナリザ・スマイル』(Mona Liza Smile, 2003)は、女子大で使用してみたい映画である。女子大に限定する必要はないが、ぜひ女性のグループでゆっくりと取り上げてみたい作品である。女性として考えさせられ、刺激をもらえるだろう。

『ジョイ・ラック・クラブ』は、中国移民女性とその娘たちの人間ドラマである。主人公の4人は母国でそれぞれ過酷な人生を歩んだ後、アメリカに渡る。自分たちのそれとは異なる価値観の元で生まれた娘たちに、人間としての価値を伝えようとする姿が描かれている。母が娘に伝えようとする大切なテーマは、女性が人としての尊さを知ること、また、それは男性に決して劣らないということである。移民である母親世代の女性4人は、中国訛りで文法的に誤りのある英語を話している。このような英語を授業で使用するのに躊躇する人もいるだろう。筆者も彼女たちの英語をそのままリピートさせたりすることは避けようと思うが、このような誤りのある英語でも十分にコミュニケーションがとれることを知ってもらうのも意味のあることだろう。

『モナリザ・スマイル』は、1950年代アメリカ東部の保守的な名門女子大が舞台で、主人公は美術の新任女性教員である。ほどなくして彼女は、その大学の目標が"tomorrow's leaders"(「未来の指導者」)の育成ではなく、"tomorrow's leaders' wives"(「未来の指導者の妻」)の育成であることを思い知り愕然とする。そこで彼女は大学の体制に反して、授業を通して出会う学生たちに自分たちの可能性を伸ばしてゆくことの大切さを教えてゆく。学生たちに自分の可能性、それを伸ばすための教育、仕事、そして結婚について深く考える機会をこの映画は与えてくれるだろう。時代設定はかなり昔のものであるが、時代を超えて通じるテーマは、女子学生から多くの共感を得られるだろう。

付録

1. IT 英語に強くなる映画 122
2. スポーツ関連映画 124
3. 医療関連映画 126
4. SF 映画 128
5. アクション映画 130
6. 音楽を楽しめる映画 132
7. ミュージカル映画 134
8. 教育をテーマにした映画 136
9. 法律英語に強くなる映画 138
10. 環境をテーマにした映画 140
11. 歴史をテーマにした映画 142
12. ラブストーリーをテーマにした映画 144
13. 聖書をベースにした映画 146
14. イギリス文学作品をベースにした映画 148
15. アメリカ文学作品をベースにした映画 150
16. 児童文学をベースにした映画 152
17. 小学生に好評な映画 154
18. 女性の生き方を考えさせる映画 156
19. 人種問題を考えさせられる映画 158
20. 平和問題をテーマにした映画 160
21. 世界情勢をテーマにした映画 162
22. TOEIC 学習に役立つ映画 164
23. 日本が舞台の欧米映画 166

1 IT 英語に強くなる映画

ウォー・ゲーム（*WarGames*）
①1983年　②アメリカ　③113分　④中級　⑤ソニー・ピクチャーズ エンタテインメント

いたずら好き高校生が自分の PC からハッキングした先が米国政府の防衛システムのホストコンピュータだった。ゲームのつもりが、現実の世界で米ソ核戦争が始まろうとする。ハッキング映画の古典。IT 用語としては古い。

サイバーネット（*Hackers*）
①1995年　②アメリカ　③105分　④中級　⑤20世紀 フォックス ホーム エンターテイメント

PC 好きな高校生グループの 1 人が大企業のシステムにハッキングをかけたため、追われることになる。彼が盗んだファイルは保安担当官が企んでいる悪事の証拠であった。有名な書籍名やコマンドなど専門用語が頻出する。

サベイランス／監視（*Antitrust*）
①2001年　②アメリカ　③108分　④中級　⑤20世紀フォックス ホーム エンターテイメント ジャパン

主人公は大学卒業後、IT 企業からスカウトされ新生活も順調だったが、オファーを断った親友の不自然な死をきっかけに、社長の恐るべき陰謀に気づき、身の危険を体験するようになる。米系 IT 企業で働く様子を垣間見る。

ザ・インターネット（*The Net*）
①1995年　②アメリカ　③114分　④中級　⑤ソニー・ピクチャーズ エンタテインメント

開発者によくある孤独を好む性格の主人公が旅先で恋に落ちた相手は、実は悪玉ハッカー集団の 1 人。彼女の存在を証明するデータは書き換えられ、人を避けてきた事が裏目に出て、孤独に戦う。IT 用語はやや一般寄り。

ザ・ハッカー（*Takedown*）
①1999年　②アメリカ　③96分　④中級　⑤アット エンタテインメント

実在のハッカー、ミトニックを FBI が日本人物理学者・下村努の協力で逮捕する実話に基づく映画。Social Engineering から Network の追跡と現在でも通用する要素・専門用語満載。原作は下村とマーコフの "Takedown"。

①製作年　②製作国　③上映時間　④難易度　⑤配給会社

JM（*Johnny Mnemonic*）
①1995年　②アメリカ　③103分　④中級　⑤ソニー・ピクチャーズ エンタテインメント

原作がサイバーパンク本家のギブソン。決死の覚悟で脳に移植された記憶装置で機密情報を運ぶ「情報の運び屋」ジョニーは、その情報の持ち主の殺し屋に狙われることになる。インターネット関連の用語が中心。

スニーカーズ（*Sneakers*）
①1992年　②アメリカ　③125分　④上級　⑤ジェネオン・ユニバーサル・エンターテイメント

ビル警備集団が数学博士の暗号解読チップを盗むよう依頼され、事件に巻き込まれる。レッドフォード、ポワチエらの競演も見どころ。ソーシャル・エンジニアリングや暗号解読シーン有り。

デスク・セット（*Desk Set*）
①1957年　②アメリカ　③104分　④上級　⑤20世紀 フォックス ホーム エンターテイメント

1950年代米国。オフィスに初めてコンピュータが導入され、機械に仕事を奪われそうになる主人公らは、生活の糧とプライドをかけて戦う。古風だが上品なビジネス英語とコンピュータの初期の歴史と労働への影響を振り返る。

ソーシャル・ネットワーク（*The Social Network*）
①2011年　②アメリカ　③120分　④上級　⑤ソニー・ピクチャーズ エンタテインメント

人気SNS、"Facebook"開発者の大学時代から会社設立後に世界中で話題になるまでの過程が、関わった人々との裁判沙汰の際の回想で紹介される。開発用語の使用や、発話スピードが速いシーンあり。著書"The Accidental Billionaires"より映画化。

Revolution OS（*Revolution OS*）
①2001年　②アメリカ　③85分　④上級　⑤ナウオンメディア

元々無料の物の"copyright"で金儲けを始めたマイクロソフトに対抗する開発者やハッカーたちの"copyleft"のドキュメンタリー。「情報や知識のあるべき姿」という根本的な社会問題を扱う。OSや開発関連専門用語満載。

2 スポーツ関連映画

インヴィンシブル／栄光へのタッチダウン (*Invincible*)
①2006年 ②アメリカ ③103分 ④中級 ⑤ウォルト・ディズニー・スタジオ・ジャパン

中年の男性がアメフトの入団テストを受けるチャンスをつかみ、様々な試練と周囲からの支えの中、最後まで意志を貫き通しプロフットボール選手となった。実在した人物の苦難と努力のストーリー。フットボール用語が学べる。

コーチ・カーター (*Coach Carter*)
①2005年 ②アメリカ ③136分 ④中級 ⑤パラマウント ジャパン

高校のバスケ部に新たなコーチが就任した。部員は劣悪な生活環境の中で日々過ごしている。コーチは部員たちの将来を見据えて過酷な練習プログラムを課し、学業もきちんとさせながら、チームを勝利へと導く。

ゴール (*Goal!*)
①2005年 ②アメリカ ③118分 ④中級 ⑤ポニーキャニオン

イギリスの名門サッカーチームを舞台に、新人選手がプロの厳しさを知り、甘い誘惑に負けそうになるが、周囲の人々に助けられ自らの夢を果たす。最後の場面のゴールは、チームを勝利に導き感動ものである。

しあわせの隠れ場所 (*The Blind Side*)
①2009年 ②アメリカ ③128分 ④初～中級 ⑤ワーナー・ホーム・ビデオ

貧しい黒人の少年が富裕な家族と出会うことで、フットボールの才能が開花し、プロ選手となる実話。親権者の代わりとなった母親の彼への惜しみない支援や彼の進学に向けての努力する姿も見逃せない。

チアーズ！ (*Bring It On*)
①2000年 ②アメリカ ③100分 ④初～中級 ⑤東宝

高校のチアリーディングチームが本大会までに恋や友情に苦悩する場面が随所にちりばめられている。映画の中で流れている音楽は、最後の最後まで元気を奮い立たせてくれるものばかりである。英語の応援メッセージに注目。

①製作年　②製作国　③上映時間　④難易度　⑤配給会社

フィールド・オブ・ドリームス（*Field of Dreams*）
① 1989 年　②アメリカ　③ 107 分　④中級　⑤ジェネオン・ユニバーサル・エンタテイメント

不思議な声を聞いた農夫が、周囲の反対を押し切り、とうもろこし畑を潰して野球場を造る。野球をテーマに愛を大切にしたドラマ。夢実現に向けて困難さを乗り切っていく主人公の葛藤した姿は見逃せない。

プリティ・リーグ（*A League of Their Own*）
① 1992 年　②アメリカ　③ 128 分　④中級　⑤ソニー・ピクチャーズ エンタテインメント

実在した全米女子プロ野球リーグをモデルにし、苦境の中での活躍ぶりは観客や積極的でなかった監督の心を動かしていく。自立した女性像を描いており、くじけず前向きにプレーする姿は感動ものである。

ベスト・キッド（*The Karate Kid*）
① 2010 年　②米中　③ 140 分　④初〜中級　⑤ソニー・ピクチャーズ エンタテインメント

1985 年の「ベスト・キッド」のリメイク版。武術を通して、主人公は師匠の過去の忌まわしい記憶を癒したり、地道な努力の中から真の武術が身に付くことを学んだりして、心の成長を高めていく姿には感動する。

メジャーリーグ（*Major League*）
① 1989 年　②アメリカ　③ 107 分　④中級　⑤ワーナー・ホーム・ビデオ

とにかく勝てない、負け続けのチームの建て直しのために集められた選手たちが、すったもんだの末、一致団結してチームを優勝へと導く。痛快なコメディタッチ風の展開が最後まで楽しませてくれる。

ロッキー（*Rocky*）
① 1976 年　②アメリカ　③ 119 分　④中級　⑤ 20 世紀フォックス ホーム エンタテイメント ジャパン

負け知らずのチャンピオンボクサーが無名のロッキーを挑戦者として選んだ。ロッキーは、夢と愛を勝ちとるため、過酷で孤独なトレーニングを始める。リングで何度も倒されて起き上がる姿は涙が止まらない。

3 医療関連映画

ER Season 1 Episode 1
①1994年 ②アメリカ ③88分 ④中～上級 ⑤ワーナー・ホーム・ビデオ

緊急救命室で働くスタッフたちの葛藤や活躍を描いたTVドラマ。研修医のカーター医師が実際の医療現場の中で人間的に成長していく姿が見所。新人研修医とベテラン医師の患者に対する言葉遣いの違いを取り上げるとおもしろい。

グレイズアナトミー（Grey's Anatomy Season 1 Episode 1）
①2005年 ②アメリカ ③129分 ④中～上級 ⑤ウォルト・ディズニー・スタジオ・ジャパン

若きインターンたちの成長と恋愛を描くTVドラマ。当然のことながら医療関係用語が多用され、実際の使用例を臨場感のある映像と共に見ることができる。ただし、授業に不向きなシーンがあり注意が必要。

コーマ（Coma）
①1978年 ②アメリカ ③113分 ④初～中級 ⑤ワーナー・ホーム・ビデオ

医療ミスによって死んだ友人の謎の死を追及する。作品は新しいとは言えないが、"医療ミス"というテーマは今日でも大いに取り上げられ議論されている。テーマ・英語難易度において、初級から上級まで幅広く利用できる。

誤診（First Do No Harm）
①1997年 ②アメリカ ③95分 ④中級 ⑤ポニーキャニオン

幼い息子への過度な薬物投与を阻止する勇気ある母親を描く。難病患者を扱った重いテーマだが、母親の必死な姿が胸を打つ。その母親が、徐々に不安定になる心の様子を表現する英セリフに着目したい。

パッチ・アダムス トゥルー・ストーリー（Patch Adams）
①1998年 ②アメリカ ③116分 ④中級 ⑤ユニバーサル・ピクチャーズ・ジャパン

笑いと優しさで治療を試みる医師の姿を描いた実話に基づく感動ドラマ。至る所にアダムズ医師の名セリフが散りばめられている。感動的な最後の演説シーンを丁寧に英文解釈するのもよい。

①製作年　②製作国　③上映時間　④難易度　⑤配給会社

フランケンシュタイン（Mary Shelley's Frankenstein）
①1994年　②アメリカ　③124分　④中〜上級　⑤ポニーキャニオン

生命創造に取り憑かれた科学者とクリーチャーの苦悩を原作に忠実に描く。原作のフランケンシュタインがホラーではなく、ヒューマン・ドラマであることが分かる。字幕は日本語版のみで、英字幕版がないのが残念である。

フラットライナーズ（Flatliners）
①1990年　②アメリカ　③114分　④中〜上級　⑤ソニー・ピクチャーズ エンタテインメント

医学生の若者たちが死後の世界に興味を持ち、危険な臨死体験を行う。サイエンスホラーとして楽しめるが、医学を学ぶ者の倫理観について考えさせる。医学用語はそれほど頻出しない。

ミクロの決死圏（Fantastic Voyage）
①1966年　②アメリカ　③104分　④初級　⑤20世紀フォックス ホーム エンターテイメント ジャパン

脳内出血した科学者の命を救うため、細菌大に縮小された救命隊の活躍を描くSF。縮小された医師・科学者たちが血管を通って体内を移動し、白血球、病原菌、裏切り者と闘いながら患部を治療する。英語は平易で子どもも楽しめる。

レナードの朝（Awakening）
①1990年　②アメリカ　③120分　④中級　⑤ソニー・ピクチャーズ エンタテインメント

治療不能の難病に苦しむレナードとその医師の姿を描いた感動ドラマ。実話に基づいた英語は平易で子どもも楽しめる。パーキンソン病の治療薬ドーパミンの効果に期待を寄せるも、悲劇的な結末が待ち受ける。医学・薬学用語が頻出する。

私の中のあなた（My Sister's Keeper）
①2009年　②アメリカ　③110分　④中級　⑤ハピネット

白血病の姉のドナーとして生まれた妹は両親を訴え家族や命の問題を問う。臓器移植という今日的テーマに真正面から取り組んでいる。重いテーマだが、英語は解りやすい。

4 SF 映画

スター・ウォーズ（*Star Wars*）
① 1977 年　② アメリカ　③ 121 分　④ 中級　⑤ 20 世紀フォックス ホーム エンターテイメント ジャパン

おなじみ『スター・ウォーズ』シリーズの第 1 作。映画第 6 作の最終場面でダースベーダーがどのようにして誕生したかが描かれている。物語特有の固有名詞に注意すると映画をより深く楽しめる。関連アニメなども多数あり。

E.T.（*E.T; The Extra-Terrestrial*）
① 1982 年　② アメリカ　③ 115 分　④ 初級　⑤ ユニバーサル・ピクチャーズ・ジャパン

ハロウィーンを舞台に宇宙人 E.T. と子どもたちとの交流を描く、ほのぼのとした SF 作品。一見すると不格好な E.T. が、次第に愛嬌のある顔に見えてくるので不思議。2011 年公開の『Super 8/ スーパーエイト』はある意味続編と言える。

エイリアン 2（*Aliens*）
① 1986 年　② アメリカ　③ 137 分　④ 中級　⑤ 20 世紀フォックス ホーム エンターテイメント ジャパン

第 1 作ではなかなか姿を見せなかったエイリアンが、実は 1 匹ではなかったと分かり、恐怖が増す（原題の複数形に注目）。リプリーの孤軍奮闘ぶりも前作より強調され、「強い女」の時代到来を告げた。

ターミネーター 2（*Terminator 2*）
① 1991 年　② アメリカ　③ 137 分　④ 中級　⑤ ジェネオン・ユニバーサル・エンターテイメント

『ターミネーター』シリーズの第 2 作。前作と比べ、CG 効果の進歩に目を見張る。息子を守る強い母サラと、前作とは逆に味方になったターミネーターが、敵役 T-1000 と壮絶な戦いを繰り広げる。

タイム・アフター・タイム（*Time After Time*）
① 1979 年　② アメリカ　③ 112 分　④ 中級　⑤ ワーナー・ホーム・ビデオ

SF 作家 H.G. ウェルズが、実はタイムマシンを実作していたという設定の下、同時代人である切り裂きジャックが逮捕されなかった謎を解く快作。主演のメアリー・スティーンバージェンは『バック・トゥ・ザ・フューチャー 3』にも登場。

①製作年　②製作国　③上映時間　④難易度　⑤配給会社

タイムライン（*Timeline*）
① 2003 年　②アメリカ　③ 116 分　④中級　⑤アミューズソフトエンタテインメント

2003 年から 1357 年にタイムスリップしてしまった歴史学の教授を救おうとする発掘仲間たちが、英仏 100 年戦争の真っただ中で奮闘する。発掘したばかりの遺跡と見事に整合するラスト・シーンに注目。

地球が静止する日（*The Day the Earth Stood Still*）
① 2008 年　②アメリカ　③ 104 分　④中級　⑤ 20 世紀フォックス ホーム エンタテイメント ジャパン

「人類を滅亡から救う」という、よくあるパターンを逆手に取り、「地球を滅亡から救う」ためには人類が犠牲になってもやむを得ないという考え方は、2011 年の福島原発事故後の生き方を考えさせる。中国なまりの英語も登場。

2001 年宇宙の旅（*2001: A Space Odyssey*）
① 1968 年　②アメリカ　③ 141 分　④初級　⑤ワーナー・ホーム・ビデオ

公開当時、同種の映画がなかったこともあり、その映像と音楽が観客を圧倒し、SF を映画のジャンルとして定着させることに寄与した。最終場面が気になって続編を見たり小説版を読んだりした人も多いはず。

バック・トゥ・ザ・フューチャー（*Back to the Future*）
① 1985 年　②アメリカ　③ 116 分　④中級　⑤ジェネオン・ユニバーサル・エンターテイメント

自分の両親が自分と同じ高校生だった 1955 年にタイムスリップしたマーティーの奮闘ぶりを描くコメディー・タッチの SF 作品。全 3 作。過去に戻った主人公が、自分の知っている未来を語る際の時制に注目。

メン・イン・ブラック（*Men in Black*）
① 1997 年　②アメリカ　③ 98 分　④中級　⑤ソニー・ピクチャーズエンタテイメント

ウィル・スミスの出世作。アメコミ風 SF の代表作品で、さまざまなパロディに抱腹絶倒。実はとっくの昔に地球に来ていた宇宙人たち！　決戦の場は 1964 年開催の NY 万博跡地に今も残るユニスフィア。

5 アクション映画

アルマゲドン（*Armageddon*）
①1998年　②アメリカ　③151分　④中級　⑤ウォルト・ディズニー・スタジオ・ジャパン

小惑星が地球に接近し、あと18日で人類が滅亡してしまう！　その小惑星まで行って核爆弾で軌道を変えようとする勇士たちの奮闘ぶりと、家族を想いつつ自分を犠牲にする主人公の姿が胸を打つ。科学英語が多い。

インディ・ジョーンズ／最後の聖戦（*Indiana Jones and the Last Crusade*）
①1989年　②アメリカ　③127分　④中級　⑤パラマウント ジャパン

シリーズ第3作。父親役のショーン・コネリーと、主人公役ハリソン・フォードとのかけあいが秀逸。はらはらドキドキだけでなく、最終場面でアーサー王伝説の「聖杯」と、それを守る騎士が登場して、中世文化の理解にも役立つ。

大脱走（*The Great Escape*）
①1963年　②アメリカ　③172分　④中級　⑤20世紀フォックス ホーム エンターテイメント ジャパン

これ以上はないくらいの豪華キャストで、第二次世界大戦中、実際に起きた集団脱走を描く。スティーブ・マックイーンの不敵な笑みは、最初から最後まで変わらない。スタントなしのバイク逃走は圧巻。英語は平易である。

ダイ・ハード（*Die Hard*）
①1988年　②アメリカ　③131分　④中級　⑤20世紀フォックス ホーム エンターテイメント ジャパン

たった1人でテロリストの集団と戦い、それを倒す非番の警察官ジョン・マクレーンの、CGに頼らないアクションは見事。無線で彼をサポートする黒人警官との友情が次第に深まり、最後は印象的結末を迎える。

タワーリング・インフェルノ（*The Towering Inferno*）
①1974年　②アメリカ　③165分　④中級　⑤ワーナー・ホーム・ビデオ

『ポセイドン・アドベンチャー』と共にパニック映画の代表作。ポール・ニューマン、スティーブ・マックイーンを初めとする豪華キャストと、火だけでなく大量の水も使ったスペクタクルを堪能できる。

①製作年　②製作国　③上映時間　④難易度　⑤配給会社

パイレーツ・オブ・カリビアン 呪われた海賊たち（*Pirates of the Caribbean:The Curse of the Black Pearl*）
① 2003 年　②アメリカ　③ 143 分　④中級　⑤ウォルト・ディズニー・スタジオ・ジャパン

シリーズ第1作。ジョニー・デップ扮するジャック・スパロウが初登場するこの映画は、もともとディズニーランドのアトラクションだった。海賊の妙な言葉の中には、ピジン英語がちらほらと散見される。

ポセイドン・アドベンチャー（*The Poseidon Adventure*）
① 1972 年　②アメリカ　③ 117 分　④中級　⑤ 20 世紀フォックス ホーム エンターテイメント ジャパン

海洋パニック映画のさきがけ。後の『タイタニック』の原点。転覆して上下がさかさまになった船内からどう脱出するか、また集団心理にあおられて選択を誤らず、最後まで生き延びる意志を保てるか？　最後に主人公が下した決断は？

007 ムーンレイカー（*Moonraker*）
① 1979 年　②アメリカ　③ 127 分　④中級　⑤ワーナー・ホーム・ビデオ

007 シリーズ第 11 作品目。当時 NASA で開発していたスペースシャトル（2011 年がラスト飛行）がスクリーンで初披露された。鋼鉄の歯を持つ殺し屋、ジョーズは憎めない悪役として人気者に。軍事関連英語が多い。

レオン（*Léon*）
① 1994 年　②アメリカ　③ 110 分　④初級　⑤パラマウント ジャパン

殺し屋と可憐な少女、という組み合わせは、『ルパン三世カリオストロの城』末尾へのオマージュかもしれない。ナタリー・ポートマン、ジャン・レノ、ゲイリー・オールドマンの共演が生む相乗効果は必見！

ロボコップ（*Robocop*）
① 1987 年　②アメリカ　③ 102 分　④中級　⑤ 20 世紀フォックス・ホーム・エンターテイメント

凶悪犯を追跡中に惨殺された主人公マーフィは、生体の一部のみを残したロボコップとしてよみがえり、人間であったころの記憶に苦しみつつ自分を取り戻してゆく。続編は映画だけでなく TV シリーズにも。

131

6 音楽を楽しめる映画

アマデウス（*Amadeus*）
①1984年 ②アメリカ ③160分 ④中級 ⑤ワーナー・ホーム・ビデオ

皇帝ヨゼフ2世に仕えた宮廷音楽家アントニオ・サリエリの視点を通して、天才モーツァルトの波瀾の生涯を描く。映画が長編で、登場人物にかなり癖があり、授業で使う際は注意。

奇跡のシンフォニー（*August Rush*）
①2007年 ②アメリカ ③114分 ④初～中級 ⑤ポニーキャニオン

施設で育った少年が両親を探すためにニューヨークへ。偶然手にしたギターで音楽の才能を発揮し、ついに彼の音楽が奇跡を呼び起こす。子役がかわいく、難しいことは抜きで楽しめる。

スクール・オブ・ロック（*The School of Rock*）
①2003年 ②アメリカ ③109分 ④初～中級 ⑤パラマウント ジャパン

破天荒な中年ロッカーが代用教員として名門小学校に潜り込み、ロックを教える。生徒たちはロックを通じて自分を表現できるようになっていく。笑えて、最後はほろりとさせられる。英語は聞きやすい。

戦場のピアニスト（*The Pianist*）
①2002年 ②アメリカ ③149分 ④中級 ⑤アミューズソフトエンタテインメント

ユダヤ系ポーランド人ピアニスト、ウワディスワフ・シュピルマンの自伝を映画化。ナチスのワルシャワ侵攻下で生き延びた凄惨な日々を描く。残虐な描写があるので授業で扱うのは難しい。

ドラムライン（*Drumline*）
①2002年 ②アメリカ ③118分 ④中級 ⑤20世紀フォックス ホーム エンターテイメント ジャパン

スポーツ競技のハーフタイムに見事なパフォーマンスを披露するマーチング・バンドがテーマ。ドラムの才能を鼻にかけて入部したデヴォンの人間的成長を描く。音楽に興味がある学生・生徒にお薦め。

①製作年 ②製作国 ③上映時間 ④難易度 ⑤配給会社

陽のあたる教室（*Mr. Holland's Opus*）
①1995年 ②アメリカ ③143分 ④初〜中級 ⑤20世紀フォックス ホーム エンタテイメント ジャパン

しぶしぶ高校で音楽を教え始めた男性が、生徒や同僚との関わりを通して熱心な教師となり、障害のある息子とも絆を築いて生きる30年間の物語。物語がドラマチックで、英語は聞きやすい。

マイケル・ジャクソン This Is It（*This is it*）
①2009年 ②アメリカ ③111分 ④初〜中級 ⑤ソニー・ピクチャーズ エンタテインメント

マイケル・ジャクソンの急逝で幻に終わったロンドン公演のリハーサルを映画化したドキュメンタリー。マイケルの卓越した才能、人望が伝わる。ストーリーはないので、部分的な使用にも便利。

ミュージック・オブ・ハート（*Music of the Heart*）
①1999年 ②アメリカ ③123分 ④中〜上級 ⑤アスミック・エース エンタテインメント

ニューヨークのイースト・ハーレムの小学校でバイオリンを教えるロベルタ先生の情熱を、実話を基に描く感動作。授業で使う場合、対象年齢によっては、離婚・恋愛の挿話が不適切か。

ラブソングができるまで（*Music and Lyrics*）
①2007年 ②アメリカ ③104分 ④中級 ⑤東宝

80年代にスターだったアレックスが歌姫から新曲を依頼される。偶然知り合ったソフィーとともに曲作りを始めるが、彼女は心に傷を抱えていた。アメリカ英語とイギリス英語、両方が聞ける。

路上のソリスト（*The Soloist*）
①2009年 ②アメリカ ③117分 ④中〜上級 ⑤ジェネオン・ユニバーサル・エンターテイメント

統合失調症のためにジュリアード音楽院を退学し、路上で生活するようになったチェリストと、LAタイムズの記者との交流を描いた実話の映画化。佳作だが、やや地味な印象。主人公の英語は聞きづらい。

7 ミュージカル映画

ウエスト・サイド物語（West Side Story）
① 1961年　② アメリカ　③ 152分　④ 中級　⑤ 20世紀フォックス ホーム エンターテイメント ジャパン

ニューヨークのウエスト・サイドで対立する移民のグループの間で、敵味方の関係でありながら恋におちる男女を描く。ミュージカルの代表作で、今日の学生にも根強い人気がある。

オペラ座の怪人（The Phantom of the Opera）
① 2004年　② アメリカ　③ 143分　④ 中級　⑤ メディアファクトリー

オペラ座に棲みつく奇怪なマスクの怪人に愛されて成功の階段を上る歌手クリスティーヌだが、彼女が別の男性を愛し始めたことで悲劇が起こる。歌詞は聞き取りやすい。

コーラスライン（A Chorus Line）
① 1985年　② アメリカ　③ 113分　④ 中級　⑤ ジェネオン・ユニバーサル・エンターテイメント

ブロードウェイの若い俳優たちが難関をくぐり抜けようと必死に踊って歌うが、最終選考で問われたのは今までの個人的な人生だった。

サウンド・オブ・ミュージック（The Sound of Music）
① 1965年　② アメリカ　③ 175分　④ 初～中級　⑤ 20世紀フォックス ホーム エンターテイメント ジャパン

実話を元にした映画。厳格な家の家庭教師になった歌好きの修道女が、一家に愛されるようになる。終盤はナチスからの逃避行を描く。長尺だが、耳になじんだ有名な曲が多い。

天使にラブ・ソングを…（Sister Act）
① 1992年　② アメリカ　③ 100分　④ 中級　⑤ ウォルト・ディズニー・スタジオ・ジャパン

クラブ歌手のデロリスがギャングに追われ、修道院に身を隠す。最初は不満だらけだった彼女が聖歌隊の指導をし始め、周りの人々を変えていく。主役がパワフルで、ゴスペルが力強い。

①製作年　②製作国　③上映時間　④難易度　⑤配給会社

天使にラブ・ソングを 2（*Sister Act 2: Back in the Habit*）
①1993 年　②アメリカ　③108 分　④中級　⑤ウォルト・ディズニー・スタジオ・ジャパン

歌手に戻ったデロリスが、高校で教えるよう頼まれて再び修道女姿に。今度は不良の高校生たちにコーラスの素晴らしさを教える。高校生が活躍するので、同世代の若者達は身近に感じるだろう。

ドリームガールズ（*Dreamgirls*）
①2006 年　②アメリカ　③130 分　④中級　⑤パラマウント ジャパン

黒人女性グループ The Supremes がモデル。3 人組の歌手が敏腕プロデューサーに見出されてスターになるが、メンバー間の軋轢などさまざまなトラブルが起こる。主演のビヨンセは日本の若い世代によく知られている。

ハイスクール・ミュージカル／ザ・ムービー（*High School Musical 3: Senior Year*）
①2008 年　②アメリカ　③117 分　④初〜中級　⑤ウォルト・ディズニー・スタジオ・ジャパン

アメリカで大人気の TV ドラマシリーズの第 3 弾が映画になった。スポーツ万能のトロイと秀才少女ガブリエラの恋と、卒業目前の悩みを描く。日本の学生・生徒にも大人気のシリーズ。

ヘアスプレー（*Hair Spray*）
①2007 年　②アメリカ　③117 分　④初〜中級　⑤角川書店

1960 年代、歌を愛する太めのトレーシーは TV に出演して人気者になる。人間関係や人種差別などどんな問題も歌の力で明るく吹き飛ばす。とにかく前向きなので、楽しく見られる。

マンマ・ミーア！（*Mamma Mia!*）
①2008 年　②アメリカ　③109 分　④中級　⑤ジェネオン・ユニバーサル・エンターテイメント

結婚式を控えたソフィは、自分の実父と思われる男性 3 人を母に内緒で招待する。この 3 人の男性と母娘が起こす騒ぎを、歌やダンスで彩りながら綴る。授業で使うと、にぎやかで楽しい雰囲気を醸し出せる。

8 教育をテーマにした映画

いまを生きる (Dead Poets Society)
①1989年 ②アメリカ ③128分 ④中〜上級 ⑤ウォルト・ディズニー・スタジオ・ジャパン

名門校の新任国語教師と生徒たちのふれあいと成長を描く。生徒が自殺する場面があるので、配慮が必要。ラストシーンは感動のあまり、思わず目頭が熱くなること必至。

奇跡の人 (The Miracle Worker)
①1962年 ②アメリカ ③106分 ④初〜中級 ⑤20世紀フォックス ホーム エンターテイメント ジャパン

三重苦のヘレン・ケラー女史がサリバン教師によって人生に光明を見い出すまでの苦闘を描いた名作。「water」を理解するシーンが大きな感動を呼ぶ。特別支援教育を志す学生にピッタリ。

チップス先生さようなら (Goodbye, Mr. Chips)
①1969年 ②アメリカ ③155分 ④初〜中級 ⑤ワーナー・ホーム・ビデオ

寡黙だが一途な教職者がパブリックスクールで定年までを過ごしたその人生を振り返るミュージカル映画の感動作。生徒に対するチップス先生の思いがひしひしと伝わってくる。

天使にラブ・ソングを2 (Sister Act 2: Back in the Habit)
①1993年 ②アメリカ ③107分 ④中〜上級 ⑤ウォルト・ディズニー・スタジオ・ジャパン

ある女性歌手が自分の母校の夢の持てない高校生たちの音楽的才能を認めてコーラス・グループを結成させ、ゴスペルの音楽活動を通じて、生徒たちを成長させる。

デンジャラス・マインド 卒業の日まで (Dangerous Minds)
①1995年 ②アメリカ ③99分 ④中〜上級 ⑤ウォルト・ディズニー・スタジオ・ジャパン

海兵隊出身の新任女性教師が、生徒が勉強に興味を持つように空手を教えたり、課題に応じてご褒美をあげたりと、様々な試みをする。妊娠する生徒が出てくるので配慮が必要。

①製作年　②製作国　③上映時間　④難易度　⑤配給会社

ハイスクール・ミュージカル（High School Musical）
①2006年　②アメリカ　③98分　④初〜中級　⑤ウォルト・ディズニー・スタジオ・ジャパン

テレビ番組「ハイスクール・ミュージカル」の劇場版。イースト高のトロイとガブリエラがミュージカルを目指す物語。進路決定の際の葛藤に生徒も共感できるだろう。

陽のあたる教室（Mr. Holland's Opus）
①1995年　②アメリカ　③143分　④中〜上級　⑤20世紀フォックス ホーム エンターテイメント ジャパン

音楽教育に30年間を捧げた高校教師の半生を描いた心温まる名作。教員なら誰でもこのように退職の日を迎えたいと思うだろう。手話を扱うので、特別支援教育人間ドラマを志す学生にピッタリ。

フリーダム・ライターズ（Freedom Writers）
①2007年　②アメリカ　③123分　④中〜上級　⑤パラマウント ジャパン

人種問題がはびこる過酷な環境に生きる若者たちと、彼らを思う女性国語教師の実話を映画化した感動の物語。日記を扱うので、国語教師を目指す学生にピッタリ。

ミュージック・オブ・ハート（Music of the Heart）
①1999年　②アメリカ　③124分　④中〜上級　⑤アスミック・エース エンタテインメント

ハーレムの小学生の子どもたちにバイオリンを教えた女性教師の実話を映画化。クラッシックの殿堂で子どもたちが演奏をするのが大変感動的で、思わず見る者の胸を打つ。

モナリザ・スマイル（Mona Lisa Smile）
①2003年　②アメリカ　③117分　④中〜上級　⑤ソニー・ピクチャーズ エンタテインメント

1963年、名門女子大に助教授として赴任した新任美術教師の努力と葛藤を描いたドラマ。様々な生き方の女性が登場するため、女生徒に自分の生き方を考えさせるのにピッタリ。

9 法律英語に強くなる映画

ア・フュー グッドメン（*A Few Good Men*）
① 1992年　② アメリカ　③ 138分　④ 中～上級　⑤ ワーナー・ホーム・ビデオ

米海軍基地内で起きた海兵隊員殺害事件を巡り、容疑者の弁護団が海軍を相手に法廷闘争を繰り広げるサスペンス。法廷専門用語が満載。

アラバマ物語（*To Kill A Mockingbird*）
① 1962年　② アメリカ　③ 129分　④ 中～上級　⑤ ファースト・トレーディング

グレゴリー・ペックが弁護士役で登場。黒人差別、社会不適合者差別問題を投げかける重厚な作品。法廷用語も出るが、専門用語はやや一般寄り。

エリン・ブロコビッチ（*Erin Brockovich*）
① 2000年　② アメリカ　③ 130分　④ 上級　⑤ ソニー・ピクチャーズ エンタテインメント

史上最大級の集団訴訟に勝利し、巨額の賠償金を政府に支払わせる、あるシングルマザーの活躍を描いた作品。専門用語は一般寄り。

キューティ・ブロンド（*Legally Blonde*）
① 2009年　② アメリカ　③ 96分　④ 中級　⑤ 20世紀フォックス ホーム エンタテイメント ジャパン

人気者の美女・エルは政治家志望の恋人から、議員の妻に相応しくないと別れ話をされ、自身が奮闘する物語。専門用語は大学生レベル。

クレイマー、クレイマー（*Kramer vs. Kramer*）
① 1979年　② アメリカ　③ 105分　④ 中～上級　⑤ ソニー・ピクチャーズ エンタテインメント

離婚を迎えた夫婦と、子育て、家族の絆について描くヒューマンドラマ。現代社会が抱える問題に切り込む作品。用語は大学生レベル。

①製作年　②製作国　③上映時間　④難易度　⑤配給会社

真実の瞬間（*Guilty by Suspicion*）
①1991年　②アメリカ　③105分　④中級　⑤20世紀フォックス ホーム エンターテイメント ジャパン

50年代にハリウッドを襲った赤狩りがテーマ。新進映画監督が濡れ衣を着せられる物語。難解な専門用語が多数有り、上級レベル。

シビルアクション（*A Civil Action*）
①1998年　②アメリカ　③115分　④中級　⑤パラマウント ジャパン

米国の民事訴訟を題材とした法廷サスペンス。高額訴訟しか興味のない敏腕弁護士が正義に覚醒する物語。専門用語は中級レベル。

十二人の怒れる男（*12 Angry Men*）
①1957年　②アメリカ　③97分　④中〜上級　⑤20世紀フォックス ホーム エンターテイメント ジャパン

殺人事件の審議を巡る、一般市民の陪審員たちによるスリリングな法廷劇の傑作。説得力のある論説の中に一般寄りの専門用語が多数有り。

推定無罪（*Presumed Innocent*）
①1990年　②アメリカ　③127分　④中級　⑤ワーナー・ホーム・ビデオ

不倫関係にあった同僚の女性が殺され、容疑者となる主人公の物語。正義が持つ裏と表を見事に表現した作品。専門用語はやや難解。

評決（*The Verdict*）
①1982年　②アメリカ　③129分　④上級　⑤20世紀フォックス ホーム エンターテイメント ジャパン

ポールニューマンがすべてを出し切ったと言う法廷劇。苦悩しつつも信念と勇気をもって立ち上がる弁護士の物語。専門用語は上級レベル。

10 環境をテーマにした映画

アース（*Earth*）
①2007年 ②アメリカ ③90分 ④初級 ⑤ワーナー・ホーム・ビデオ

北極のシロクマ、アフリカのライオン、カナダのヘラジカ、アジアのアムール豹などが登場し、自然の厳しさ、素晴らしさを実感できる。地球上の生命の神秘に迫るドキュメンタリー。

エリン・ブロコビッチ（*Erin Brockovich*）
①2000年 ②アメリカ ③131分 ④上級 ⑤ソニー・ピクチャーズ エンタテインメント

全米史上最高額の和解金を手にした実在の女性の話。1人の女性が大企業による環境汚染を暴き、裁判で勝利する、実話に基づいたストーリー。環境と法律用語が学べる。

風の谷のナウシカ（*Nausicaa of the Valley of the Wind*）
①1984年 ②日本 ③117分 ④中級 ⑤ウォルト・ディズニー・スタジオ・ジャパン

自然を愛し、虫と語る風の谷の少女ナウシカが、1人で未来の地球を救おうとする姿が描かれている。近未来を舞台に、自然破壊・環境問題・戦争という深遠なテーマを扱ったアニメーション。日本語と英語を比較すると面白い。

ダンス・ウィズ・ウルブス（*Dance with Wolves*）
①1990年 ②アメリカ ③181分 ④中級 ⑤東北新社

南北戦争時代の西部を舞台に、スー族の女性と愛し合いインディアンと共に生きた元北軍中尉の、数奇な運命を描いた物語。ネイティブ・アメリカンが多数エキストラとして登場している。

ダーウィンの悪夢（*Darwin's Nightmare*）
①2004年 ②アメリカ ③107分 ④上級 ⑤ジェネオン・ユニバーサル・エンターテイメント

「ダーウィンの箱庭」と呼ばれていたヴィクトリア湖に放たれた巨大な外来魚ナイルパーチが巻き起こす悪夢を追ったドキュメンタリー。貧困などのアフリカの発展途上国が抱える問題点が浮き彫りにされる。

①製作年 ②製作国 ③上映時間 ④難易度 ⑤配給会社

デイ・アフター・トゥモロー（*The Day after Tomorrow*）
① 2004 年　②アメリカ　③ 124 分　④中級　⑤ 20 世紀フォックス ホーム エンターテイメント ジャパン

地球温暖化によって北極や南極の氷が溶け、海流の異変が起き、その結果として超大型台風が発生して、地球に氷河期が訪れる。現在の異常気象を予告しているかのようで少し怖い。気象関連の英語が多用されている。

ディープ・ブルー（*Deep Blue*）
① 2003 年　②英独　③ 83 分　④上級　⑤東北新社

地球の表面積の 7 割を占める海の中やその周辺で生きる生物と、多様な表情を見せる海そのものを被写体として構成されたドキュメンタリー。ジャンプするイルカ、アシカを狙うシャチ、青く輝くクラゲなどを通じて海の厳しさを感じる。

不都合な真実（*An Inconvenient Truth*）
① 2006 年　②アメリカ　③ 100 分　④中級　⑤パラマウント ジャパン

アル・ゴア元アメリカ副大統領が、地球環境の危機を訴えて世界各地で行った講演を収めたドキュメンタリー。個人的なエピソードもところどころに挿入されている。プレゼンテーションの手本としても有効。

北極のナヌー（*Arctic Tale*）
① 2007 年　②アメリカ　③ 90 分　④中級　⑤ジェネオン・ユニバーサル・エンターテイメント

地球温暖化により、環境が激変する北極を舞台に、白熊のナヌーが様々な苦難や悲しい別れを乗り越えて懸命に生き抜こうとする姿を描くドキュメンタリー映画。ナヌーの弟が力尽きて死んでしまう場面は涙を誘う。

野生のエルザ（*Born Free*）
① 1966 年　②英米　③ 95 分　④中級　⑤ソニー・ピクチャーズ エンタテインメント

射殺された人食いライオンの子を 3 匹引き取り、一番小さい子をエルザと名付けて、育てる夫妻が、ケニアを離れることになり、エルザを野生に戻そうと腐心する物語。

11 歴史をテーマにした映画

偉大な生涯の物語 (*The Greatest Story Ever Told*)
① 1965 年　②アメリカ　③ 160 分　④中級　⑤ 20 世紀フォックス ホーム エンターテイメント ジャパン

新約聖書の記述に基づいて、イエス・キリストの生涯を描く歴史超大作。英語は難しくないが、イエスの言葉は、聖書そのままの、古風で格調高いものである。新約聖書の内容をある程度知るには適当。

アラビアのロレンス (*Lawrence of Arabia*)
① 1962 年　②アメリカ　③ 207 分　④上級　⑤ソニー・ピクチャーズ エンタテインメント

実在の英国軍将校 T・E・ロレンスが率いた、オスマン帝国からのアラブ独立戦争を描いた歴史映画。ピーター・オトゥールら英国人俳優の美しい英語が印象的。ストーリーと同時に、美しい砂漠の光景とテーマ・ミュージックが忘れ難い。

ウォーク・ザ・ライン／君につづく道 (*Walk the Line*)
① 2005 年　②アメリカ　③ 136 分　④中級　⑤ 20 世紀フォックス ホーム エンターテイメント ジャパン

50 年代のカリスマ的カントリー・ミュージシャンであるジョニー・キャッシュの伝記映画。彼と後に妻となった最愛の恋人との愛と葛藤から、多くの素晴らしいカントリー・ソングが生まれた。英語の歌詞を学ぶのも楽しい。

エリザベス：ゴールデン・エイジ (*Elizabeth: The Golden Age*)
① 1997 年　②アメリカ　③ 115 分　④上級　⑤ジェネオン・ユニバーサル・エンターテイメント

スペインを破って英国を大国に導いたエリザベスⅠ世の物語。1 人の女性としてのエリザベスの心理描写が興味深い。ケイト・ブランシェットが、恋と運命に苦しむ孤独な女王を深い演技で造形している。格調高い英語が学べる。

13 デイズ (*Thirteen Days*)
① 2000 年　②アメリカ　③ 145 分　④上級　⑤ポニーキャニオン

キューバ危機の真実に迫った社会派サスペンス。J・F・ケネディ、ロバート・ケネディらが登場する。東西冷戦の時代の最大の危機とも言えるこの事件を理解するのに適当な作品。ケヴィン・コスナーが、大統領補佐官を演じる。

①製作年　②製作国　③上映時間　④難易度　⑤配給会社

ジェイン・オースティン 秘められた恋（*Becoming Jane*）
① 2007 年　②アメリカ　③ 120 分　④中級　⑤ウォルト・ディズニー・スタジオ・ジャパン

生涯独身だったオースティンのただ一度の真剣な恋を描く。彼女の作家としての原点が窺える作品。作品に多大な影響を与えたはずの大きな経験を描いている点が、文学専攻の学生には興味深いはず。アン・ハサウェイ主演。

大統領の陰謀（*All the President's Men*）
① 1976 年　②アメリカ　③ 139 分　④上級　⑤ワーナー・ホーム・ビデオ

ウォーターゲート事件を調査した2人のワシントンポスト紙の記者が、事件の真相に迫る。ダスティン・ホフマンとロバート・レッドフォードの2人の名優の迫真の演技により、優秀なサスペンスとなった。

ネバーランド（*Finding Neverland*）
① 2004 年　②英米　③ 100 分　④中級　⑤ショーゲート

「ピーターパン」誕生にまつわる作家ジェイムス・バリーの、ある家族との出会いを巡る秘話を描く。作家と、ピーター・パンのモデルとなった少年との、また、少年の母との深い心の絆を丁寧に描いている。ジョニー・デップ主演。

ヴィクトリア女王 世紀の愛（*The Young Victoria*）
① 2009 年　②イギリス　③ 102 分　④中級　⑤ハピネット

19 世紀、イギリスを最強国家に導いたヴィクトリア女王の半生を描く伝記映画。アルバート公を自ら夫に選んだ強い心の女性の姿を見ることができる。英語は比較的分かりやすい。

ミス・ポター（*Miss Potter*）
① 2006 年　②英米　③ 93 分　④中級　⑤角川エンタテインメント

「ピーター・ラビット」の作者ビアトリス・ポターが一人前の作家になるまでの道程を、恋愛や苦悩を交えて描いた作品。この時代に、裕福な家庭の娘が職業を持つことの意味を考えるのに良い映画。英語は平易でわかりやすい。

12 ラブストーリーをテーマにした映画

愛と哀しみの果て（*Out of Africa*）
①1986年　②アメリカ　③161分　④中〜上級　⑤ユニバーサル・ピクチャーズ・ジャパン

美しいアフリカの自然の中で男女の根源的な愛（自然と人間）、自立した愛（カレンとデニス）、人間愛（カレンとアフリカ人の使用人たち）など様々な愛の姿をメリル・ストリープとロバート・レッドフォードが見事に演じている。

永遠の愛に生きて（*Shadowlands*）
①1993年　②イギリス　③131分　④中〜上級　⑤角川書店

「ナルニア物語」の著者でオックスフォード大学教授 C. S. Lewis の実話を映画化した。ユダヤ系アメリカ人の詩人ジョイとの出会い、結婚、別離を描いた。慎み深い英国人の学者がアメリカ人の率直さに惹かれていく所が興味深い。

カサブランカ（*Casablanca*）
①1942年　②アメリカ　③102分　④中〜上級　⑤ファーストトレーディング

Here's looking at you, kid.「君の瞳に乾杯」、音楽 As Time Goes By、女優イングリッド・バーグマンと名優ハンフリー・ボガードの共演で知られる不滅の名作。簡潔でありながら深みのある名セリフを英語で暗記したい人にお勧めの一作である。

きみに読む物語（*The Notebook*）
①2005年　②アメリカ　③124分　④中〜上級　⑤ハピネット

青春の純愛が全編に描かれ、切なく、若者の一途なセリフが心にしみる映画。シンプルでストレート、パワフルな英語のセリフが年齢を問わず観客の心に響いてくる。

タイタニック（*TITANIC*）
①1997年　②アメリカ　③195分　④中級　⑤20世紀フォックス ホーム エンターテイメント ジャパン

沈没した豪華船タイタニックの乗客、ローズとジャックの極限状態での愛の姿を描く。"Promise me you'll survive... Never let go of that promise" のセリフがローズの糧となる。テーマソングと共に話題作。

①製作年　②製作国　③上映時間　④難易度　⑤配給会社

P.S. アイラヴユー（*P.S. I love you.*）
① 2008 年　②アメリカ　③ 126 分　④中級　⑤ジェネオン・ユニバーサル・エンターテイメント

お互いの若さ故にケンカの絶えなかった夫と妻、その急死した夫からの10通のメッセージ、手紙がホリーに届き、新しい人生を歩くための道しるべとなる。アイルランドの風景が心を温かく包む。

プリティ・ウーマン（*Pretty Woman*）
① 1990 年　②アメリカ　③ 119 分　④中〜上級　⑤ウォルト・ディズニー・スタジオ・ジャパン

My Fair Lady のリメーク、現代版とされている。ジュリア・ロバーツの魅力、存在感が圧倒的。テンポのいい、シンデレラストーリー。ハリウッド映画の真骨頂。ウィットに豊んだ英語のセリフが数多く学べる。

ホリデイ（*The Holiday*）
① 2007 年　②アメリカ　③ 135 分　④中級　⑤ UPJ/ジェネオン・ユニバーサル・エンターテイメント

2組の恋人が失恋し、互いの、イギリスとアメリカの家を House Exchange して休暇を過ごす。傷心旅行のはずがそれぞれ新しい出会いが待ち受ける。ジュード・ロウとキャメロン・ディアス主演。英・米英語を同時に楽しめる。

理想の女（*A Good Woman*）
① 2004 年　②イギリス　③ 93 分　④中〜上級　⑤メディアファクトリー

オスカー・ワイルドのセリフは世界で最も引用されるが、彼の戯曲『ウィンダミア夫人の扇』の映画化。示唆とウィットに富んだワイルドのセリフが秀逸。大人の恋、母と娘の愛が描かれる。撮影はイタリア アマルフィの避暑地。

恋愛小説家（*As Good as It Gets*）
① 1998 年　②アメリカ　③ 138 分　④中〜上級　⑤ソニー・ピクチャーズ エンタテインメント

潔癖性で偏屈な流行小説家とマンハッタンで働くシングルマザーのウエイトレスの物語。洒落た会話が楽しめる。アカデミー主演男優賞、女優賞をダブルで受賞した秀作。ジャック・ニコルソン、ヘレン・ハント主演。

13 聖書をベースにした映画

キング・オブ・キングス (King of Kings)
① 1961年 ②アメリカ ③171分 ④中級 ⑤MGM

ヘロデ王統治下のローマで、弾圧に苦しむユダヤ民族の救世主として、ベツレヘムの馬小屋で生まれ、ゴルゴダの丘で磔にされて処刑されたイエス・キリストの偉大な生涯を描く。ナレーションの英語はわかりやすい。

サムソンとデリラ (Samson and Delilah)
① 1949年 ②アメリカ ③131分 ④中級 ⑤ファーストトレーディング

セシル・B・デミル製作・監督によって、旧約聖書のサムソンとデリラの恋物語を豪華に映画化。デリラの計略に落ちて、怪力の源である髪の毛を切られたサムソンは、囚われて目をくり抜かれる。英語はゆっくりでわかりやすい。

最後の誘惑 (The Last Temptation of Christ)
① 1988年 ②アメリカ ③163分 ④中級 ⑤ユニバーサル・ピクチャーズ・ジャパン

キリストの「悩める人間」としての側面を描き、物議を醸した問題作。欲情に目覚めたキリストは、マグダラのマリアと結婚して多くの子をもうけた。裏切ったユダとも特別な関係にあったという新解釈。個性的批判的視点による映像化。

十戒 (The Ten Commandments)
① 1957年 ②アメリカ ③232分 ④中級 ⑤パラマウント ジャパン

旧約聖書「出エジプト記」が原作。奴隷として苦しんでいたヘブライ人をエジプトから救い出し、シナイ山で神から十戒を授かり、約束の地カナンに導く、英雄モーゼの生涯を描く。古英語が学べる。

ソドムとゴモラ (Sodom and Gomorrah)
① 1962年 ②米伊 ③112分 ④中級 ⑤バンド

ロトが率いる遊牧民族ヘブライ人は、砂漠の中のソドムとゴモラの宮殿の豪奢な生活になじみ、堕落する。罪を自覚して、悔い改めるロトをヤハウェは許し、ヘブライ人は宮殿を後にして、再び放浪生活に入る。

①製作年　②製作国　③上映時間　④難易度　⑤配給会社

天地創造 (*The Bible*)
① 1966年　②アメリカ　③ 175分　④中級　⑤ 20世紀フォックス ホーム エンターテイメント ジャパン

旧約聖書「創世記」に収められた天地創造、アダムとイブ、ノアの箱舟、バベルの塔、ソドムとゴモラ、アブラハム物語、イサクの生贄などのエピソードを豪華絢爛に描く大作。原典に忠実に手際よくまとめられた秀作。

パッション (*The Passion of the Christ*)
① 2004年　②アメリカ　③ 127分　④中級　⑤東宝

パッションは「キリストの受難」の意。メル・ギブソンが12年間の構想を経て映画化。イエスの最後の12時間を描く。拷問に耐え、ゴルゴタの丘で磔に処せられ、天に召される苦悩と復活を描く。ヘブライ語、ラテン語、アラム語を使用。

プリンス・オブ・エジプト (*The Prince of Egypt*)
① 1998年　②アメリカ　③ 99分　④初級　⑤ユニバーサル・ピクチャーズ・ジャパン

旧約聖書「出エジプト記」のモーゼの偉業をドリームワークスがアニメ映画化。エジプト王子として育てられたモーゼは、自分がヘブライ人であることを知り、神から約束の地に民族を導くことを命ぜられる。子どもにも分かる英語を用いた。

プリンセス・オブ・ペルシャ エステル勇戦記 (*One Night with the King*)
① 2006年　②アメリカ　③ 123分　④中級　⑤インターフィルム

旧約聖書「エステル記」が出典。ヘブライ人でありながら、その美貌、知恵と勇気によって、ヘブライ民族を危機から救ったペルシャ王妃エステルの物語。宮廷の妖艶な美女たち、スリルに満ちたストーリーは娯楽性に富む。

マリア (*The Nativity Story*)
① 2006年　②アメリカ　③ 100分　④中級　⑤エイベックス・マーケティング

エルサレムのナザレ村のマリアは、ヨセフと婚約中に天使ガブリエルのお告げによって、神の子イエス・キリストを処女懐胎する。聖母マリアの女性としての葛藤と成長を、当時の風景と聖書に忠実に描く。

14 イギリス文学作品をベースにした映画

嵐が丘 (*Emily Bronte's Wuthering Heights*)
①1992年 ②英米 ③105分 ④中級 ⑤パラマウント ジャパン

イギリスのヨークシャーの荒野に立つ荒れ果てた館「嵐が丘」を舞台に農場主の娘キャサリンと召使いヒースクリフの身分違いの絶対的愛と復讐を描く。キャサリンが恋心を漏らす"I am Heathcliff."のセリフはあまりにも有名。

いつか晴れた日に (*Sense and Sensibility*)
①1995年 ②英米 ③136分 ④中級 ⑤ソニー・ピクチャーズ エンタテインメント

原作ジェーン・オースティン。19世紀初頭、英国貴族社会で遺産相続できるのは男性に限られていた。家長の死により財産も家も失った姉妹の恋愛と結婚を描く。『高慢と偏見』の次に知っておきたいオースティンの代表作。

ジキル&ハイド (*Mary Reilly*)
①1996年 ②アメリカ ③108分 ④中級 ⑤ソニー・ピクチャーズ エンタテインメント

原作R.L.スティーブンソンの『ジキル博士とハイド氏』をベースにしたV.マーティン作の小説"Mary Reilly"を映画化。善良なジキル博士が邪悪なハイド氏に変貌し、悲劇的結末を迎える姿を、メイドのメアリーの視点から描く。

ジェイン・エア (*Jane Eyre*)
①1996年 ②英米仏伊 ③113分 ④中級 ⑤東北新社

原作シャーロット・ブロンテ。不遇の孤児ジェインは努力で教師になり、ロチェスター伯爵家に職を見つけた。やがて堅物の伯爵と恋に落ちるが伯爵邸が火事になる。片腕と視力を失い、文無しになった伯爵と結婚する。真の愛とは何かが主題。

Disney's クリスマス・キャロル (*A Christmas Carol*)
①2009年 ②アメリカ ③97分 ④中級 ⑤Walt Disney Video

原作チャールズ・ディケンズ。守銭奴の主人公スクルージがクリスマスに3人の亡霊を見ることにより改心する姿を描く。宗教色の薄い日本人にとって、キリスト教文化圏におけるクリスマスの意義を理解できる作品。

①製作年 ②製作国 ③上映時間 ④難易度 ⑤配給会社

プライドと偏見（*Pride & Prejudice*）
①2005年 ②英仏 ③127分 ④中級 ⑤ジェネオン・ユニバーサル・エンタテイメント

原作ジェーン・オースティン。女性に相続権のない18世紀、田園の大邸宅を舞台に男女の恋愛模様を描く。ナショナルトラストのマナーハウス多数が舞台となっており、ビクトリア朝の貴族の生活文化を知るのに最適。

ヴェニスの商人（*The Merchant of Venice*）
①2004年 ②英米伊ルクセンブルグ ③130分 ④中級 ⑤ソニー・ピクチャーズ エンタテインメント

原作ウィリアム・シェイクスピア。アル・パチーノ演じるシャイロックは、原作の喜劇色を薄れさせた結果、原作ともひと味違う解釈のユダヤ人迫害の悲哀的色彩が濃い作品となっている。原作の英語と比較するのも面白い。

ベオウルフ（*Beowulf and Grendel*）
①2005年 ②英米加豪アイスランド ③105分 ④中級 ⑤エスピーオー

英文学の萌芽ともいうべきベオウルフ。6世紀北欧デネ国に現れた巨人族の男グレンデルを伝説的英雄ベオウルフが征伐する冒険活劇。J.R.R.トールキンの『ホビットの冒険』や『指輪物語』などのファンタジーの源流。

ロミオ＋ジュリエット（*Romeo+Juliet*）
①1996年 ②アメリカ ③121分 ④上級 ⑤20世紀フォックス ホーム エンターテイメント ジャパン

原作W.シェイクスピア。対立する家の2人が死をもって恋を成就させた悲恋物語の舞台を、架空のヴェローナビーチに移して現代劇に。王道の1968年の作品（ジュリエット役オリビア・ハッセイ）と比べても興味深い。

ロビンソン・クルーソー（*ROBINSON CRUSOE*）
①1997年 ②アメリカ ③91分 ④中級 ⑤クロックワークス

原作ダニエル・デフォー。18世紀初めロビンソンの帆船が難破。無人島に漂着し、軍役で得たサバイバル術で生き延びる。土着民フライデーと真の絆が生まれるが、あいにく救助に来た英国人に引き裂かれる。

15 アメリカ文学作品をベースにした映画

エイジ・オブ・イノセンス（*The Age of Innocence*）
① 1993年　②アメリカ　③ 138分　④中級　⑤ソニー・ピクチャーズ エンタテインメント

19世紀末のニューヨーク社交界を支配する厳しいモラルに阻まれて、禁じられた愛を断念した男と女。情熱を犠牲にした2人は、若い日の思い出に生きた。原作は、イーディス・ウォートンのピュリツァー賞受賞の『無垢の時代』。

華麗なるギャツビー（*The Great Gatsby*）
① 1974年　②アメリカ　③ 143分　④中級　⑤パラマウント ジャパン

1920年代、金持ちのフラッパーな娘デイジー（ミア・ファロー）に恋した、成り上がり者の青年ギャツビー（ロバート・レッドフォード）の悲劇。原作はF. スコット・フィッツジェラルドの『グレート・ギャツビー』。

スリーピー・ホロウ（*Sleepy Hollow*）
① 1999年　②アメリカ　③ 105分　④中級　⑤角川書店

1799年、首なし騎士による猟奇的殺人事件調査に派遣されたニューヨーク市警の捜査官（ジョニー・デップ）に危険が迫る。原作はワシントン・アーヴィングの『スリーピー・ホロウの伝説』。

大地（*The Good Earth*）
① 1937年　②アメリカ　③ 138分　④中級　⑤ファーストトレーディング

中国の大地で暮らす農民、王龍一族の波乱万丈の物語。原作は、中国で育ったパール・S. バック女史の1932年ピュリツァー賞受賞小説。オーウェン・デイヴィスとドナルド・デイヴィスの戯曲（1932）がベース。言語は英語。

誰が為に鐘は鳴る（*For Whom the Bell Tolls*）
① 1943年　②アメリカ　③ 170分　④中級　⑤ファーストトレーディング

1937年、スペイン内戦に参加して命を散らしたアメリカ青年ロバート（ゲーリー・クーパー）とスペイン娘マリア（イングリッド・バーグマン）の悲恋。アーネスト・ヘミングウェイ原作。

①製作年　②製作国　③上映時間　④難易度　⑤配給会社

陽のあたる場所（*A Place in the Sun*）
①1951年　②アメリカ　③122分　④中級　⑤ファーストトレーディング

シカゴの貧しいが野心家の青年（モンゴメリー・クリフト）は、大富豪の令嬢（エリザベス・テーラー）との結婚話のために、妊娠中の愛人の殺害を疑われて、破滅する。原作はセオドア・ドライサーの『アメリカの悲劇』。

白鯨（*Moby Dick*）
①1956年　②アメリカ　③116分　④中級　⑤20世紀フォックス ホーム エンターテイメント ジャパン

白いクジラ、モビー・ディックに復讐する捕鯨船の船長エイハブ（グレゴリー・ペック）の海での死闘を描く。白鯨は海中に姿を消し、ビークフォード号の中で、語り手イシュマエルだけが生還する。ハーマン・メルヴィル原作。

二十日鼠と人間（*Of Mice and Men*）
①1992年　②アメリカ　③110分　④中級　⑤20世紀フォックス ホーム エンターテイメント ジャパン

1930年代、大恐慌時代のカリフォルニアが舞台。知的障害者レニー（ジョン・マルコヴィッチ）と彼の面倒を見るジョージ（ゲイリー・シニーズ）の友情と悲劇。原作はジョン・スタインベック。

欲望という名の電車（*A Streetcar Named Desire*）
①1951年　②アメリカ　③121分　④上級　⑤ファーストトレーディング

アメリカ南部の元美女ブランチ・デュボア（ヴィヴィアン・リー）は、妹夫婦を頼って身を寄せるが、暗い過去を暴かれ、義弟スタンリー・コワルスキー（マーロン・ブランド）にレイプされて地獄に落ちる。原作はテネシー・ウィリアムズの戯曲。

ラスト・オブ・モヒカン（*The Last of Mohicans*）
①1992年　②アメリカ　③112分　④中級　⑤ポニーキャニオン

建国前夜のアメリカで、英国人娘コーラは、モヒカン族に育てられた白人青年ホークアイ（ダニエル・デイ・ルイス）と、多くの犠牲を払って結ばれる。原作はジェームズ・フェニモア・クーパーの『モヒカン族の最後』。

16 児童文学をベースにした映画

オズの魔法使 (Wizard of Oz)
①1939年　②アメリカ　③102分　④初～中級　⑤ワーナー・ホーム・ビデオ

原作アメリカのフランク・ボーム。竜巻に飛ばされてオズの国にやってきたドロシーとかかしたちが繰り広げる冒険とふるさとへの帰還。子どもたちに知恵と優しさと勇気の大切さを伝えるもので、主題歌"Over the Rainbow"は大ヒットした。

不思議の国のアリス (Alice in Wonderland)
①1999年　②アメリカ　③99分　④中級　⑤エムスリイエンタテインメント

ディズニーのアニメもあるが、これは実写版。ウサギを追いかけて穴に落ちたアリスが、様々な体験をする。原作はルイス・キャロル。学寮長リデルの娘アリスに船遊びを楽しみながら、地下での話を語って聞かせる。

美女と野獣 (Beauty and the Beast)
①1991年　②アメリカ　③90分　④初～中級　⑤ウォルト・ディズニー・スタジオ・ジャパン

原作フランスの女性作家ド・ボーモン。ディズニーのアニメ。フランスの小さな町の城を舞台としてのろいをかけられて野獣となった王子を、城に幽閉されたベルが好きになり、魔法がとける。歌に合わせた発音練習も楽しい。

ドクター・ドリトル (Dr. Dolittle)
①2001年　②アメリカ　③86分　④中級　⑤20世紀フォックス ホーム エンターテイメント ジャパン

原作イギリスのヒュー・ロフティング。エディ・マーフィー主演、動物と話ができる獣医のドリトル先生は彼らの困難を救うべく活躍する。動物虐待への警鐘。さらには、原作者ロフティングの平和への願いが込められている。

名犬ラッシー / 家路 (Lassie Come Home)
①1943年　②アメリカ　③88分　④初～中級　⑤ファーストトレーディング

原作イギリスのエリック・ナイト。貧しさのためにスコットランドに売られてしまったラッシーは少年から引き離されるが、ヨークシャーの家まで自力で戻ってくる。

①製作年　②製作国　③上映時間　④難易度　⑤配給会社

モモ（*Momo*）
①1986年　②独伊　③105分　④中級　⑤パイオニアLDC

原作ドイツのミヒャエル・エンデ。時間泥棒を相手に心の交流の大切さを訴え、人々の心を変えていく。経済優先の中で人間性を失っていく社会への警告がテーマである。人の話を聞くことが、どんなに大切なことか教えてくれる。

長くつ下のピッピ（*Pippi Long Stocking*）
①1988年　②アメリカ　③101分　④中級　⑤ソニー・ピクチャーズ エンタテインメント

原作スウェーデンの女性作家アストリッド・リンドグレン。町外れの「ごたごた荘」にやってきたピッピがチンパンジーや馬と引き起こす天衣無縫な事件。形式主義の学校への批判と一方での期待をにじませている。

スチュアート・リトル（*Stuart Little*）
①1999年　②アメリカ　③84分　④初～中級　⑤ソニー・ピクチャーズ エンタテインメント

原作アメリカのエルゥイン・ブルックス・ホワイト。ニューヨークの五番街に住むリトル夫妻が息子のためにネズミのスチュアートを養子として迎える。児童擁護施設のシーンが出てくる。上質な英語表現が多用されている。

星の王子さま（*The Little Prince*）
①1974年　②アメリカ　③88分　④初級　⑤パラマウント ジャパン

原作フランスのアントワーヌ・ド・サン＝テグジュベリ。人が1人しか住めない星にいた王子さまが地球の砂漠で飛行士に出会って話をする。大人中心の発想への警告。

夢のチョコレート工場（*Willy Wonka & The Chocolate Factory*）
①1971年　②アメリカ　③100分　④初～中級　⑤ワーナー・ホーム・ビデオ

原作イギリスのロアルド・ダール。世界的に有名なチョコレート工場に5人が選ばれて見学。その結果最後に残ったのは。人間にとって何が大切か、特に、家族とは何かを考えさせ、5人の子どもを取り巻く親子関係を問いかける。

17 小学生に好評な映画

がんばれ！ベアーズ（*Bad News Bears*）
①2005年　②アメリカ　③113分　④初〜中級　⑤パラマウント ジャパン

話の筋は単純だが、子どもの様々な葛藤を表していて、共感できる部分が多い。歴史的なアメリカのメジャーリーガーの名前を知っていると、さらに楽しめる。

34丁目の奇跡（*Miracle on 34th Street*）
①1994年　②アメリカ　③114分　④初〜中級　⑤20世紀フォックス ホーム エンターテイメント ジャパン

サンタクロースが被告になるという前代未聞の裁判を描いた、心温まる感動の名作。「Yes, Virginia」で始まる『ザ・サン』の社説も合わせて読みたい。

小さな恋のメロディ（*Melody*）
①1971年　②イギリス　③103分　④初〜中級　⑤ポニーキャニオン

本国イギリスよりも日本で大ヒットした、ビージーズの美しい音楽と小学生の恋人たちが織りなす美しい名作。ロンドンの下町の様子や、下町の家族の会話も楽しめる。

トム・ソーヤーの大冒険（*Tom and Huck*）
①1995年　②アメリカ　③97分　④初〜中級　⑤ウォルト・ディズニー・スタジオ・ジャパン

言わずと知れたマーク・トゥエイン原作で、子どもの冒険心や淡い恋心をくすぐる名作。ハックルベリー・フィンとトムの年齢が違い過ぎるように見えるが、そこはご愛敬。

ネバーエンディング・ストーリー（*The Neverending Story*）
①1984年　②西ドイツ　③102分　④初〜中級　⑤ワーナー・ホーム・ビデオ

エンデ原作で、単なる娯楽作品を超えたファンタジーの名作。主人公のバスチアンが本に出会う本屋は、ハリーポッターの映画の一場面を想起させる。

①製作年　②製作国　③上映時間　④難易度　⑤配給会社

ビッグ(*Big*)
①1988年　②アメリカ　③104分　④初～中級　⑤20世紀フォックス ホーム エンターテイメント ジャパン

コメディーながら、思春期に向かう子どもの心をよく表している名作。身体は大人で心は子どもという設定から生まれるエピソードが、見ている者の笑いを誘う。

星の王子さま(*The Little Prince*)
①1974年　②アメリカ　③88分　④初級　⑤パラマウント ジャパン

「本当に大事なものは目に見えない。」というセリフで有名なサン・テグジュペリ原作の名作。星の王子さまと主人公との心の交流が、見ている者の心を温かくしてくれる。

ホームアローン(*Home Alone*)
①1990年　②アメリカ　③103分　④初～中級　⑤20世紀フォックス ホーム エンターテイメント ジャパン

主人公と泥棒の駆け引きがおかしみを感じる。主人公の寂しさと自立心、冒険心に共感できる小学生も多いことだろう。英語も聞き取りやすく、ぜひ英語で見せたい。

ミクロキッズ(*Honey, I Shrunk the Kids*)
①1989年　②アメリカ　③93分　④初～中級　⑤ウォルト・ディズニー・スタジオ・ジャパン

発明家の父親が発明した機械で、小さくなってしまった子どもたちを探す、という、単純に楽しめるコメディー。中学生の男女の恋の場面もあり、教室では見せにくいかもしれないが、英語も聞き取りやすく英語活動でも使える。

名犬ラッシー / 家路(*Lassie Come Home*)
①1943年　②アメリカ　③89分　④初～中級　⑤ファーストトレーディング

古い映画だが、ラッシーと主人公の少年との交流やラッシーの逃避行は、今時の子どもの心も十分につかむくらい魅力的。特に、犬を飼っている生徒や動物好きの生徒にはピッタリ。

18 女性の生き方を考えさせる映画

カラー・パープル (*The Color Purple*)
①1985年　②アメリカ　③152分　④中級　⑤ワーナー・ホーム・ビデオ

20世紀初頭ジョージアの田舎で奴隷同然だった黒人少女が様々な女性とのシスターフッドにより意志ある女性へと目覚めていく。美しい田園風景と叙情的なストーリーの感動作。深南部の英語に触れることができる。

幸せのレシピ (*No Reservations*)
①2007年　②アメリカ　③104分　④中級　⑤ワーナー・ホーム・ビデオ

マンハッタンのレストランで料理長を務めるケイト。仕事に生きてきた彼女だったが、ある日事故で急死した姉の娘を引きとることになり、新しい自分を見つけてゆく。食に関する語彙が豊富。

死ぬまでにしたい10のこと (*My Life Without Me*)
①2003年　②西加　③106分　④中級　⑤松竹

余命わずかの若き母親が「死ぬまでにやることリスト」を作る。確実に死が迫る2カ月間、彼女が成し遂げたのは家族に代わりの妻・母親を迎えることであった。淡々とした独白調のセリフは聞き取りやすい。

ジョイ・ラック・クラブ (*The Joy Luck Club*)
①1993年　②アメリカ　③139分　④中級　⑤ウォルト・ディズニー・スタジオ・ジャパン

中国移民女性と娘たちの人間ドラマ。4人の女性は過酷な人生を歩んだ後、アメリカで新しい価値観で娘を育て人間としての価値を教えようとする。母親世代は中国語訛りの英語を話す。

ソフィーの選択 (*Sophie's Choice*)
①1982年　②アメリカ　③150分　④中級　⑤ビクターエンタテインメント

1947年戦後のNYで若い作家がポーランド女性の強制収容所での壮絶な過去を知ることに。歴史に苦悩する女性が浮き彫りになる社会派映画。ソフィ役メリル・ストリープから東欧なまりの英語が聞ける。VHSのみ。

①製作年　②製作国　③上映時間　④難易度　⑤配給会社

テルマ＆ルイーズ（*Therma & Louise*）
①1991年　②アメリカ　③108分　④中級　⑤20世紀フォックス ホーム エンターテイメント ジャパン

田舎の主婦テルマが、友人ルイーズと出かけた何の気なしのドライブははからずも殺人犯としての逃避行、果ては自己解放への旅へと一転する。中西部の大自然を背景にしたロードムービー。南部なまりとスラングを味わうことができる。

デブラ・ウィンガーを探して（*Searching for Debra Winger*）
①2002年　②アメリカ　③97分　④中級　⑤ポニーキャニオン

人生に悩める女優ロザンナが、ハリウッドの先輩女優陣に本音をインタビューしたドキュメンタリー。誰もが抱える恋愛・結婚・加齢の悩み、母親と仕事のバランスなどを率直に告白する姿に人生のヒントを得る。

プレイス・イン・ザ・ハート（*Place in the Heart*）
①1985年　②アメリカ　③111分　④中級　⑤ソニー・ピクチャーズ エンタテインメント

1932年大恐慌時代、寡婦エドナは、テキサスの田舎で子どもを育て、盲目の男性を居候にし、召使いの黒人男性をKKKから守りながらたくましく生きる。南部英語や南部史を知るにも有用。

モナリザ・スマイル（*Mona Lisa Smile*）
①2003年　②アメリカ　③117分　④中級　⑤ソニー・ピクチャーズ エンタテインメント

1950年代のアメリカ東部の保守的名門女子大が舞台。新任女性教員は、良妻賢母の育成を目指している大学の体制に反して、学生に自分の可能性を伸ばすことを教える。教養ある人々の英語が分かりやすい。

レボリューショナリーロード / 燃え尽きるまで（*Revolutionary Road*）
①2008年　②米英　③119分　④中級　⑤角川書店

1950年代のアメリカで、郊外のこぎれいな家に住み、子どもにも恵まれ傍目には幸せそうな夫婦。しかし会社勤めの夫の心にも専業主婦の妻の心にも虚しさが満ちていた。夫婦喧嘩の英語はかなり速い。

19 人種問題を考えさせられる映画

アミスタッド (*Amistad*)
①1997年 ②アメリカ ③155分 ④中級 ⑤パラマウント ジャパン

黒人奴隷船上の反乱を通して、奴隷制の是非を問いかける歴史大作を比較的史実に忠実にスピルバーグ監督が映画化。黒人史を知るには最適である。また、最後のシーンから法廷英語を学ぶことができる。

サラフィナ！ (*Sarafina!*)
①1992年 ②英米仏南ア ③117分 ④中級 ⑤東宝ビデオ

南アの人種隔離政策や軍による弾圧が見え隠れする日常を、女子高生の視点で描く。アフリカンビート溢れる音楽劇。歴史の先生が西洋中心史観でないアフリカの歴史について "History is beautiful." と呼びかけるのが心に残る。

タイタンズを忘れない (*Remember the Titans*)
①2000年 ②アメリカ ③114分 ④中級 ⑤ウォルト・ディズニー・スタジオ・ジャパン

公民権運動の盛り上がる70年代、保守的な南部のアメフト・チームにおけるコーチ間・選手間の人種を越えた絆の実話に基づく物語。ストーリー上重要なブーンのスピーチは、言葉を噛み締めながら発しているので聞き取りやすい。

ダンス・ウィズ・ウルブス (*Dances with Wolves*)
①1990年 ②米英 ③181分 ④中級 ⑤ワーナー・ホーム・ビデオ

1864年の西部フロンティアを舞台に白人軍人とオオカミとの触れ合い、先住民族との人種を越えた友情を描いた感動巨編。英語が話される場面は多くないが、アメリカ先住民について学ぶのに有益。

遠い夜明け (*Cry Freedom*)
①1987年 ②イギリス ③158分 ④中級 ⑤ユニバーサル・ピクチャーズ・ジャパン

1970年代、人種隔離政策下の南アの黒人指導者ビゴに共鳴した白人編集者の視点を通して、差別の実状を浮き彫りにした作品。全般的に、南アなまりはあるが何とか聞き取れる。

①製作年　②製作国　③上映時間　④難易度　⑤配給会社

ヒマラヤ杉に降る雪（*Snow Falling on Cedars*）
①1999年　②アメリカ　③127分　④中級　⑤ユニバーサル・ピクチャーズ・ジャパン

戦後のアメリカにおける日系移民とドイツ系移民の対立を映し出す法廷サスペンス。全般的に英語は聞き取りやすい。日系アメリカ人に対する世間の厳しさを戦争が後押しする。えん罪の証拠をつかんだ新聞記者の苦悩と三角関係を描く。

評決のとき（*A Time to Kill*）
①1990年　②アメリカ　③150分　④上級　⑤角川書店

ミシシッピー州の田舎町。白人に乱暴された黒人少女の父親が報復として白人を殺害した。父親の裁判はやがて街の白人と黒人の人種間の対立に発展する。マシュー・マコノヒーが弁護士、サミュエル・L・ジャクソンが被害者の父親を熱演。実話に基づく法廷サスペンス。

ホテル・ルワンダ（*Hotel Rwanda*）
①2004年　②英米伊南ア　③121分　④中級　⑤ジェネオン・ユニバーサル・エンターテイメント

1994年ルワンダ国内のツチ族対フツ族の民族紛争の際に、1200名をホテル・ルワンダに匿って救ったホテルマンの実話を描く。ルワンダ訛りはあるが、何とか聞き取ることはできる。また、セリフの量が多い。

ライフ・イズ・ビューティフル（*Life Is Beautiful*）
①1997年　②イタリア　③116分　④中級　⑤角川書店

イタリアのユダヤ人系家族がナチス収容所に入れられるが、父親が持ち前のユーモアで息子を救おうとするストーリー。遊び心と切なさをたたえた人間賛歌。ベニーニ監督は主演、主役英語吹替も担当。

ロング・ウォーク・ホーム（*The Long Walk Home*）
①1990年　②アメリカ　③97分　④中級　⑤松竹

公民権運動の発端となったローザ・パークスのバスボイコット事件を基に映画化した感動作。本作では白人女性主婦とその家の黒人メイドを中心にストーリーが展開する。アメリカ史、黒人史の授業でも見せたい一作。英語は分かりやすい。

20 平和問題をテーマにした映画

アンネの日記 (*The Diary of Anne Frank*)
①1959年 ②アメリカ ③180分 ④中級 ⑤ソニー・ピクチャーズ エンタテインメント

ナチス占領下のアムステルダムで隠れ家生活を余儀なくされるアンネたち。アンネの夢と希望は、ナチスによって、無残に打ち砕かれる。限界状況の中でも希望と夢と少女らしい感性を失わないアンネの姿を描く傑作。

ガンジー (*Gandhi*)
①1982年 ②英印 ③188分 ④中級 ⑤ソニー・ピクチャーズ エンタテインメント

非暴力・不服従を掲げ、インド独立運動を推し進めたガンジーの生涯を描いた歴史大作。

キリング・フィールド (*The Killing Fields*)
①1984年 ②アメリカ ③147分 ④上級 ⑤ハピネット

内戦下のカンボジアにおける、アメリカ人記者とカンボジア人助手との友情を描いた作品。

グッド・モーニング、ベトナム (*Good Morning, Vietnam*)
①1987年 ②アメリカ ③121分 ④上級 ⑤ウォルト・ディズニー・スタジオ・ジャパン

ロビン・ウィリアムズ演じる、ベトナム戦争下のサイゴンに送り込まれたDJが主人公。反戦メッセージが込められている。

シンドラーのリスト (*Schindler's List*)
①1993年 ②アメリカ ③195分 ④上級 ⑤UPJ/ジェネオン・ユニバーサル・エンターテイメント

第二次世界大戦下、強制収容所から何千人ものユダヤ人を救ったオスカー・シンドラーの実話を映画化。会話は英語が主。

①製作年 ②製作国 ③上映時間 ④難易度 ⑤配給会社

7月4日に生まれて（*Born on the Fourth of July*）
① 1989年　②アメリカ　③ 144分　④中〜上級　⑤ユニバーサル・ピクチャーズ・ジャパン

アメリカ独立記念日生まれのベトナム戦争帰還兵が主人公。ベトナムで戦争の現実を見た彼は負傷して祖国に戻り、やがて反戦運動家となっていく。トム・クルーズが、戦場体験によって心身に大きな傷を負う主人公を熱演する。

聖なる嘘つき、その名はジェイコブ（*Jacob the Liar*）
① 1999年　②アメリカ　③ 120分　④中級　⑤ソニー・ピクチャーズ エンタテインメント

第二次大戦中、ナチス占領下のポーランド。ゲットーに住む元パン屋のジェイコブのうそによる「想像のラジオニュース」が人々に生きる希望を与えていく。『パッチ・アダムス』のロビン・ウィリアムズが主演のヒューマン・ドラマ。

ディア・ハンター（*Deer Hunter*）
① 1978年　②アメリカ　③ 183分　④中〜上級　⑤パイオニアLCD

ベトナム戦争で心身に深い傷を負った3人の若い帰還兵の友情と生と死を描く。後半の「ロシアン・ルーレット」の場面は戦争体験がもたらした精神の狂気の描写が秀逸。ロバート・デニーロ、メリル・ストリープほかが出演。

博士の異常な愛情（*Dr. Strangelove*）
① 1987年　②イギリス　③ 93分　④上級　⑤ソニー・ピクチャーズ エンタテインメント

副題は「私は如何にして心配するのを止めて水爆を愛するようになったか」。核戦争を扱ったブラック・コメディー。

ランボー（*First Blood*）
① 1982年　②アメリカ　③ 97分　④上級　⑤ソニー・ピクチャーズ エンタテインメント

ベトナム帰還兵ランボーと彼を排除しようとする保安官の戦いを通して、アメリカが負ったベトナム戦争による傷を描く。シルベスター・スタローン主演『ランボー』連作の第一作。

21 世界情勢をテーマにした映画

アポロ 13（Apollo 13）
①1995年　②アメリカ　③140分　④中級　⑤ジェネオン・ユニバーサル・エンターテイメント

ソ連と宇宙開発を競うアメリカは、「アポロ計画」により、月面着陸に成功。爆発事故を起こしたアポロ13号からの乗員救出作戦を描く。第68回アカデミー賞で、編集賞、音響賞受賞。

怒りの葡萄（The Grapes of Wrath）
①1940年　②アメリカ　③130分　④上級　⑤20世紀フォックス ホーム エンターテイメント ジャパン

1930年代の「大恐慌」のため、土地を追われ、放浪する農民を描いた社会派ドラマ。原作はJ.スタインベックのピューリッツアー賞受賞作品。ジョン・フォード監督、ヘンリー・フォンダ主演。

華氏 911（Fahrenheit 9/11）
①2004年　②アメリカ　③122分　④上級　⑤ジェネオン・ユニバーサル・エンターテイメント

2001年9月11日ハイジャックされた航空機による「テロ事件」が発生、サウジ・アラビア王家と密接なつながりを持つブッシュ政権を批判する衝撃映像が話題のマイケル・ムーア監督によるドキュメンタリー映画。

ザ・インタープリター（The Interpreter）
①2005年　②アメリカ　③129分　④中級　⑤ユニバーサル・ピクチャーズ・ジャパン

「国連」の通訳のシルヴィアは、アフリカのマトボ共和国の独裁的大統領の暗殺計画を聞いたために、命を狙われる。S.ポラック監督遺作の社会派サスペンス・ドラマ。多様な言語を話す姿が垣間見える。

ジョニーは戦場へ行った（Johnny Got His Gun）
①1971年　②アメリカ　③112分　④上級　⑤ジェネオン・ユニバーサル・エンターテイメント

「第一次大戦」の兵士ジョニーは、負傷して四肢を失い、肉塊と化す。ジョニーは、モールス信号を発信して死を望むが、軍のモルモットとして生かされる。「ベトナム戦争」中のアメリカで上映され、大反響を呼ぶ。

①製作年　②製作国　③上映時間　④難易度　⑤配給会社

スリー・キングス（Three Kings）
①1999年　②アメリカ　③115分　④中級　⑤ワーナー・ホーム・ビデオ

「湾岸戦争」停戦直後、フセインが隠した金塊強奪のためにイラクへ侵入するアメリカ兵のアクション・アドベンチャー。湾岸戦争に批判的視線を投げかける政治的色彩が濃厚な作品。

チャイナ・シンドローム（The China Syndrome）
①1979年　②アメリカ　③122分　④中級　⑤ソニー・ピクチャーズ エンタテインメント

「原子力発電所」のトラブルを偶然撮影したアメリカのTVキャスター一行は、巨大陰謀組織から命を狙われる。命と引き換えに、放射能汚染を防いだ男の物語。監督はJ.ブリッジス、J.レモンはカンヌ国際映画祭男優演技賞を受賞。

つぐない（Atonement）
①2007年　②イギリス　③123分　④中級　⑤ジェネオン・ユニバーサル・エンターテイメント

「第二次大戦」時のイギリスで、帰らぬ人となった恋人たち。しかし、2人の仲を裂いたのは、多感な13歳の少女ブライオニーの嫉妬によるうそだった。77歳の尊敬される作家となったブライオニーは、罪の償いを込めて、真実を告白する。

トリコロールに燃えて（Head in the Clouds）
①2004年　②英加　③121分　④中級　⑤エイベックス・マーケティング

「第二次世界大戦」中、戦ってナチスを退けたパリ市民は、ドイツに加勢した者をリンチする。上流階級出身の美女ギルダは、浮薄な外見に似合わず、信念を貫く女性だが、無理解なパリの民衆によって殺される。

マルコム X（The Malcolm X）
①1992年　②アメリカ　③201分　④上級　⑤パラマウント ジャパン

1960年代の黒人「公民権運動」家であるマルコムXの自伝に基づき、作家のJ.ボールドウィン、D.マメットらが脚色を手がけた。デンゼル・ワシントン出演の史実に忠実な力作。

22 TOEIC 学習に役立つ映画

ウォール街 (*Wall Street*)
① 1987 年　② アメリカ　③ 126 分　④ 中～上級　⑤ 20世紀フォックス ホーム エンターテイメント ジャパン

経済、証券会社、証券取引、売買、労働組合に関する語句と表現を物語の様々な場面から理解し経済用語を学ぶ。株主総会での主人公の英語スピーチが素晴らしいので是非学んでほしい。

エージェント (*Jerry Maguire*)
① 1996 年　② アメリカ　③ 139 分　④ 中～上級　⑤ ソニー・ピクチャーズ エンタテインメント

アメフトのプロスポーツ選手と代理人のドラマ。NFL 関連用語と共に選手のマネージメント会社の手数料や契約とは、などの仕組みを場面から学ぶ。

キューティ・ブロンド (*Legally Blonde*)
① 2001 年　② アメリカ　③ 95 分　④ 中～上級　⑤ 20世紀フォックス ホーム エンターテイメント ジャパン

アメリカのロースクール進学適性試験 LSAT、ハーバード大学の授業、キャンパス風景、弁護士事務所でのインターンシップなどから教育関連の語句を学ぶ。会話のスピードが速いので慣れることが必至。

幸せのレシピ (*No Reservations*)
① 1989 年　② アメリカ　③ 104 分　④ 中級　⑤ ウォルト・ディズニー・スタジオ・ジャパン

日常生活で欠かせない、外食、レストランの予約、メニューの読み方など食文化に関する英語表現を学ぶ。

ジョー・ブラックをよろしく (*Meet Joe Black*)
① 1998 年　② アメリカ　③ 178 分　④ 中級　⑤ UPJ/ ジェネオン・ユニバーサル・エンターテイメント

取締役会議、委員会、交渉、説得、会議を映像シーンと共にバーチャル体験し、英語句の運用が実感できる。特に重役会議での会話は TOEIC に役立つ。

①製作年　②製作国　③上映時間　④難易度　⑤配給会社

ターミナル（*The Terminal*）
①2004年　②アメリカ　③128分　④中級　⑤角川エンタテインメント

リスニングパートに頻出の空港でのアナウンス、航空関連会社、入国・出国など海外旅行関連の語句を学ぶ。リスニングパートの対策に最適。外国なまりの英語をふんだんに聞ける。

パッチ・アダムス トゥルー・ストーリー（*Patch Adams*）
①1998年　②アメリカ　③115分　④中〜上級　⑤ニバーサル・ピクチャーズ・ジャパン

医療（治療、医学）、介護、健康に関する語句と表現を学ぶ。パッチのセリフから人間愛、生死に関する英語句のコロケーションが学べる。リーディングパートに役立つ。

不都合な真実（*An Inconvenient Truth*）
①2006年　②アメリカ　③96分　④中〜上級　⑤パラマウント ジャパン

地球温暖化などの環境に関する語句と表現を学ぶ。加えて、効果的なデータやチャートの読み方を理解する。リーディング対策に最適。映像と共に環境関連の英語語句が明確に効果的に学べる。

マイレージ、マイライフ（*Up in the Air*）
①2009年　②アメリカ　③109分　④中〜上級　⑤角川書店

人事、採用、解雇、講演など今日のアメリカのビジネス英語がリアルに学べる。S/Wテスト対策学習に活用できる。雇用条件など仕事関連の英語句、表現を学ぶ最適の題材である。

メイド・イン・マンハッタン（*Maid in Manhattan*）
①2002年　②アメリカ　③105分　④中級　⑤ソニー・ピクチャーズ エンタテインメント

ホテルでのサービスとスタッフのマナー、その根底にあるHospitalityの心を、関連語句と用語、表現を実際の映像から学ぶ。ホテル関連の問題も頻度が高いので効果的な題材である。

23 日本が舞台の欧米映画

サヨナラ（*Sayonara*）
① 1957 年　② アメリカ　③ 147 分　④ 中級　⑤ 20 世紀フォックス ホーム エンターテイメント ジャパン

朝鮮戦争の英雄グルーバー少佐は、日本の関西勤務になる。グルーバーは、日本人の娘と真剣な恋に落ちるが、米軍は日本人との結婚を禁じていたため、悲劇が起きる。マーロン・ブランド、高美以子主演。

007 は二度死ぬ（*You Only Live Twise*）
① 1966 年　② イギリス　③ 117 分　④ 中級　⑤ 20 世紀フォックス ホーム エンターテイメント ジャパン

ショーン・コネリー主演、日本からは丹波哲郎、ボンド・ガールに浜美枝、若林映子が出演。ボンドは、謎の宇宙ロケットの秘密基地を追って来日する。相撲、海女、神前結婚式など日本の風物と習慣が満載。

将軍（*Shogun*）
① 1980 年　② アメリカ　③ 538 分　④ 中級　⑤ パラマウント ジャパン

17 世紀初頭の日本に、オランダからアメリカを目指して漂流した英国人、三浦按針が秀吉没後の天下取りに明け暮れる日本で体験する愛と冒険の物語。リチャード・チェンバレン、島田陽子主演。

ブラック・レイン（*Black Rain*）
① 1989 年　② アメリカ　③ 125 分　④ 中級　⑤ パラマウント ジャパン

ニューヨーク市警の刑事ニック（マイケル・ダグラス）は、日本のヤクザ（松田優作）を護送するために来日する。しかし、ニックは大阪でヤクザの標的になり、危険にさらされる。日本人が話す英語が興味深い。

ラスト サムライ（*The Last Samurai*）
① 2003 年　② 日米豪　③ 154 分　④ 中級　⑤ ワーナー・ホーム・ビデオ

アメリカ人のオールグレン大尉（トム・クルーズ）は、明治維新後の日本軍の教官として招かれた。彼は、サムライ一族の長である勝本（渡辺謙）の武士道精神に魅了される。ロケ地は姫路、京都、ニュージーランドなど。

①製作年　②製作国　③上映時間　④難易度　⑤配給会社

キル・ビル（*Kill Bill Vol. 1*）
①2003年　②アメリカ　③113分　④中級　⑤ジェネオン・ユニバーサル・エンターテイメント

ウェディング・ドレスを着た女殺し屋ザ・ブライドは、愛した人に襲われ、お腹の子どもを失い、生死の境をさまよう昏睡状態に陥る。目覚めたザ・ブライドは、沖縄、東京にわたり、日本流必殺の技を学んであだ討ちにおよぶ。

ロスト・イン・トランスレーション（*Lost in Translation*）
①2003年　②アメリカ　③102分　④中級　⑤東北新社

東京のホテルで、中年のハリウッド・スターとアメリカ人の若い人妻が出会う。異国での孤独と異文化への戸惑いが急速に2人を近づけていく。ソフィア・コッポラ監督・脚本による2004年度アカデミー脚本賞受賞作品。

Sayuri（*Sayuri*）
①2005年　②アメリカ　③145分　④中級　⑤ポニーキャニオン

大恐慌の1929年、日本の貧しい漁村に生まれた9歳の少女は、京都の祇園の芸者置屋に売られ、厳しい修行を経て、売れっ子芸者に成長する。第78回アカデミー賞3部門受賞、渡辺謙、チャン・ツィイー主演。

バベル（*Babel*）
①2006年　②アメリカ　③143分　④上級　⑤ギャガ

モロッコで誤射による銃弾がアメリカ女性に当たったことから、モロッコ、アメリカ、メキシコ、日本に住む人々のそれぞれの物語が交差する。バベルは「言葉が通じない世界」の意味である。

硫黄島からの手紙（*Letters from Iwojima*）
①2006年　②アメリカ　③140分　④中級　⑤ワーナー・ホーム・ビデオ

2006年、硫黄島の地中から発見された日本人兵士たちの書いた数百通の手紙。1944年、家族のことを思いながら、アメリカ軍と死闘を繰り広げて果てていった兵士たちの心をつづる。

<授業デザインの中で使用した映画一覧>

『イエス・マン』(YES MAN, 2008, 104分) ワーナー・ホーム・ビデオ
『奇跡の人』(The Miracle Worker, 1962, 107分) 20世紀フォックス・ホーム・エンターテイメント・ジャパン
『刑事ジョン・ブック目撃者』(Witness, 1985, 112分) パラマウント ホーム エンターテイメント・ジャパン
『ゴースト ニューヨークの幻』(Ghost, 1990, 127分) パラマウント ホーム エンタテインメント ジャパン
『サウンド・オブ・ミュージック』(The Sound of Music, 1965, 174分) 20世紀フォックス・ホーム・エンターテイメント・ジャパン
『シンデレラマン』(CINDERELLA MAN, 2004, 140分) ブエナ・ビスタ・ホーム・エンターテイメント
『ジョーブラックをよろしく』(Meet Joe Black, 1998, 180分) ジェネオン・ユニバーサル
『人生模様』(O. Henry's Full House, 1952) ジュネス企画
『スクール・オブ・ロック』(School of Rock, 2003, 109分) パラマウント・ホーム・エンターテイメント・ジャパン
『スター・ウォーズ』(Star Wars, 1977, 121分) 20世紀フォックス・ホーム・エンターテイメント・ジャパン
『ダークナイト』(The Dark Knight, 2008, 152分) ワーナー・ホーム・ビデオ
『団塊ボーイズ』(Wild Hogs, 2007, 99分) ウォルト・ディズニー・ジャパン株式会社
『チャーリーとチョコレート工場』(Charlie and the Chocolate Factory, 2005, 115分) ワーナー・ホーム・ビデオ
『天使にラブ・ソングを2』(Sister Act 2: Back in the Habit, 1993, 107分) ブエナ・ビスタ・ホーム・エンターテイメント
『ドラゴンボール Evolution』(DRAGONBALL EVOLUTION, 2008, 86分) 20世紀フォックス・ホーム・エンターテイメント・ジャパン
『ハリー・ポッターと賢者の石』(Harry Potter and the Philosopher's Stone, 2002, 152分) ワーナー・ホーム・ビデオ
『パッチ・アダムス トゥルー・ストーリー』(Patch Adams, 1998, 115分) ユニバーサル・ピクチャーズ・ジャパン
『美女と野獣』(Beauty and the Beast, 1991, 92分) ウォルト・ディズニー・ジャパン株式会社
『バック・トゥ・ザ・フューチャー』(Back to the Future, 1985, 110分) ジェネオン・ユニバーサル
『フォレスト・ガンプ／一期一会』(Forrest Gump, 1994, 142分) パラマウント ホーム エンタテインメント・ジャパン
『フルハウス』(Full House, 1987〜1995, 95分) ワーナー・ホーム・ビデオ
『プラダを着た悪魔』(The Devil Wears Prada, 2006, 110分) 20世紀フォックス・ホーム・エンターテイメント・ジャパン

<参考資料>

【DVD】
『ボディガード』(The Bodyguard, 1992): p.25 ワーナー・ホーム・ビデオ.
『バガー・ヴァンスの伝説』(The Legend of Bagger Vance, 2000): p.93 20世紀フォックス ホーム エンターテイメント.
『ミュージック・オブ・ハート』(Music of the Heart, 1999): p.69 ワーナー・ホーム・ビデオ.
『シービスケット』(Sea Biscuit, 2003): p.93 ポニーキャニオン.
『ラストエンペラー』(The Last Emperor, 1987): p.25 東北新社.
『アグリー・ベティ』(Ugly Betty Season 1 Vol.1, 2006): p.89 ウォルト・ディズニー・ジャパン株式会社.

【CD】
『Forrest Gump The Soundtrack』(34 American Classics on 2 CDs): p.50
『The Very Best of Peter, Paul and Mary』, 1990, ワーナーミュージック・ジャパン

【図書】
赤松直子・久富陽子 (2008)	『保育の英会話』萌文書林
Akimoto, Hiroshi Hamada, Mayumi. (2005)	Macmillan Cinema English 2 American History In Focus. Macmillan Language house.
Cerasini, Marc. (2008)	Cinderella Man. Penguin Readers (Graded Readers)
深井晃子 (2005)	『ファッションの世紀』平凡社 p.234-235
濱田真由美・穐本浩美 (2006)	『English Grammar in Focus 映画「ノッティングヒルの恋人」で学ぶ会話英文法』マクミランランゲージハウス

Heyer, Georgette. (2007)	The Plain People *Even More True Stories*, Pearson Longman
Hillenbrand, Laura. (2002)	*Seabiscuit:An American Legend*. Ballantine Reader's Circle.
泉山真奈美 (1997)	『アフリカン・アメリカン　スラング辞典』研究社.
小林敏彦 (2010)	『口語英文法の実態』小樽商科大学出版会.
古閑博美、垂石幸与、土谷宣子.(2002)	『ケアとホスピタリティの英語Ⅱ』. 鷹書房弓プレス.
Lucas, George. (1977)	*Star Wars: From the Adventures of Luke Skywalker*. Sphere Books, London.
マーク・ピーターセン(1988)	『日本人の英語』岩波書店.
新田晴彦・池下裕次・Luts, K. A. (1995)	『ゴースト』(株)スクリーンプレイ.
奥田祐士（訳）(2003)	『シービスケット　あるアメリカ競走馬の伝説』ソニー・マガジンズ.
大島希巳江 (2006)	『日本の笑いと世界のユーモア』世界思想社.
Ross, Gary. (2003)	*Seabiscuit: The Screenplay*. Paper Back.
靜哲人 (2009)	『英語授業の心・技・体』研究社.
Stempleski, Susan & Tomalin, Barry 1990	*Video in Action:Recipes for Using Video in Language Teaching*. New York: Prentice Hall
鈴木透 (2006)	『性と暴力のアメリカ』中央公論新社.
谷川 建司・呉 咏梅・王 向華 (2009)	『拡散するサブカルチャー　個室化する欲望と癒しの進行形』青弓社ライブラリー５６青弓社.
塚田三千代 (2007)	「映画史リテラシーと'Screen English'」『専修大学外国語教育論集』第35号. 21-38.
横溝紳一郎他 (2010)	『生徒の心に火をつける－英語教師田尻悟郎の挑戦』教育出版.
吉村誠一 (2010)	『ファッション大辞典』繊研新聞社.
Zemeckis, Robert・Gale, Bob・菅孝子 (1998)	『バック・トゥ・ザ・フューチャー　－名作映画完全セリフ集（スクリーンプレイ・シリーズ）』(株)フォーイン.

【ウエッブ・サイト】
Amish Forgive School Shooter, Struggle with Grief:
Cinderella Man (2005): http://www.imdb.com/title/tt0352248/filmsite:www.filmsite.oge
Jacob Amman: http://academickids.com/encyclopedia/j/ja/jacob_amman.html
James j. Braddock the Official website:http: //www.Jamesjbraddock.com/:p.93
Lancaster County Amish community and culture: The Amish Village in Pennsylvania: http://theamishvillage net/lancaster-county-amish/
日本語俗語辞典: http://zokugo‐dict.com/27hi/b-boy.htm
日本ホスピタル・クラウン協会: http://www.hospital-clown.jp/index.Html/:p.57
パイレーツオブカリビアン/呪われた海賊たち｜ディズニー映画/ブルーレイ＆DVD公式ウェブサイト　http: //disney-studio.jp/disney/product/index.jsp?cid=403
Seabiscuit:http: //www.imdb.com/title/tt0329575
The Amish and the Plain People: http://www.800padutch.com/amish.shtml
The Legend of Bagger Vance: http://www.imdb.com /title/tt0146984
The Ordnung: http://www.welcome-to-lancaster-county.com/ordnung.html
TOEIC®Test公式データ・資料: http://www.toeic,or.jp/toeic/date/document.html#b

スクリーンプレイ出版物のご案内（スクリーンプレイ・シリーズ）

アイ・アム・サム
7歳程度の知能しか持たないサムは、娘のルーシーと幸せに暮らしていたが、ある日愛娘を児童福祉局に奪われてしまう。

中級
A5判 199ページ
【978-4-89407-300-5】

哀愁
ウォータールー橋で出会ったマイラとロイ。過酷な運命に翻弄される2人の恋の行方は…。

中級
四六判変形 172ページ
DVD付
1,575円（税込）
【978-4-89407-445-3】

赤毛のアン
アンは、孤児院から老兄妹に引きとられる。美しい自然の中でアンは天性の感受性と想像力で周りの人を魅了していく。

最上級
A5判 132ページ
【978-4-89407-143-8】

アナスタシア
ロマノフ一族の生き残り、アナスタシアが、怪僧ラスプーチンの妨害を乗り越え、運命に立ち向かうファンタジー・アニメーション。

初級
A5判 160ページ
【978-4-89407-220-6】

アバウト・ア・ボーイ
お気楽な38歳の独身男が情緒不安定な母親を持つ12歳の少年に出会い、2人の間にはいつしか奇妙な友情が芽生える。

中級
A5判 160ページ
【978-4-89407-343-2】

雨に唄えば
サイレント映画からトーキー映画の移行期を描いたミュージカル映画の傑作！

初級
四六判変形 168ページ
DVD付
1,575円（税込）
【978-4-89407-443-9】

嵐が丘
荒涼とした館「嵐が丘」を舞台にしたヒースクリフとキャシーの愛憎の物語。

中級
四六判変形 168ページ
DVD付
1,575円（税込）
【978-4-89407-455-2】

アラバマ物語
1930年代、人種差別が根強く残るアメリカ南部で、信念を貫いた良心的な弁護士の物語。

上級
四六判変形 164ページ
DVD付
1,575円（税込）
【978-4-89407-462-0】

或る夜の出来事
ニューヨーク行きの夜行バスで出会った大富豪の娘としがない新聞記者の恋の結末は…。

中級
四六判変形 204ページ
DVD付
1,575円（税込）
【978-4-89407-457-6】

イヴの総て
大女優マーゴを献身的に世話するイヴ。その裏には恐ろしい本性が隠されていた。

中級
四六判変形 248ページ
DVD付
1,575円（税込）
【978-4-89407-436-1】

インデペンデンス・デイ
地球に巨大な物体が接近。正体は異星人の空母であることが判明し、人類への猛撃が始まる。人類の史上最大の作戦とは。

中級
A5判 216ページ
【978-4-89407-192-6】

失われた週末
重度のアルコール依存症のドンは、何とか依存症を克服しようとするが…。

中級
四六判変形 168ページ
DVD付
1,575円（税込）
【978-4-89407-463-7】

麗しのサブリナ
ララビー家の運転手の娘サブリナ、その御曹司でプレイボーイのデヴィッドと仕事仲間の兄ライナスが繰り広げるロマンス。

初級
A5判 120ページ
【978-4-89407-135-3】

エバー・アフター
王子様を待っているだけなんて耐えられない。そんな強くて、賢く、さらに美しい主人公を描いたシンデレラ・ストーリー。

上級
A5判 156ページ
【978-4-89407-237-4】

エリン・ブロコビッチ
カリフォルニアの実際の公害訴訟で全米史上最高額の和解金を勝ち取ったシングル・マザー、エリンの痛快な成功物語。

上級
A5判 174ページ
【978-4-89407-291-6】

170

価格表示のないものは 1,260 円 (税込)

オズの魔法使　ドット改訂版

ドロシーと愛犬トトはカンザスで竜巻に巻き込まれ、オズの国マンチキンに迷い込んでしまう。

初級

1,470 円 (税込)
四六判変形 168 ページ
【978-4-89407-469-9】

カサブランカ

第 2 次大戦中、モロッコの港町カサブランカでカフェを営むリックの元に昔の恋人イルザが現れる。時代に翻弄される 2 人の運命は…。

中級

A5 判 200 ページ
【978-4-89407-419-4】

風と共に去りぬ

南北戦争前後の動乱期を不屈の精神で生き抜いた女性、スカーレット・オハラの半生を描く。

上級

A5 判 272 ページ
1,890 円 (税込)
【978-4-89407-422-4】

クリスティーナの好きなコト

クリスティーナは仕事も遊びもいつも全開。クラブで出会ったピーターに一目惚れするが…。女同士のはしゃぎまくりラブコメ。

上級

A5 判 157 ページ
【978-4-89407-325-8】

交渉人

映画『交渉人』を題材に、松本道弘氏が英語での交渉術を徹底解説。和英対訳完全セリフ集付き。

上級

A5 判 336 ページ
1,890 円 (税込)
【978-4-89407-302-9】

ゴースト ニューヨークの幻

恋人同士のサムとモリーを襲った悲劇。突然のサムの死には裏が。サムはゴーストとなり愛する人を魔の手から守ろうとする。

中級

A5 判 114 ページ
【978-4-89407-109-4】

ゴスフォード・パーク

イギリス郊外のカントリーハウス「ゴスフォード・パーク」。そこで起きた殺人事件により、階級を超えた悲しい過去が明らかに。

上級

A5 判 193 ページ
【978-4-89407-322-7】

サウンド・オブ・ミュージック

尼僧に憧れるマリアは、トラップ家の家庭教師に。7 人の子どもたちと美しい歌声を一家にもたらす。

初級

A5 判 200 ページ
【978-4-89407-144-5】

サンキュー・スモーキング

タバコ研究アカデミー広報部長のニックは巧みな話術とスマイルで業界のために戦うが、人生最大のピンチが彼を襲う！

上級

四六判変形 168 ページ
【978-4-89407-437-8】

サンセット大通り

サンセット大通りのある邸宅で死体が発見された…。その死体が語る事件の全容とは？

中級

四六判変形 192 ページ
DVD 付
1,575 円 (税込)
【978-4-89407-461-3】

幸せになるための 27 のドレス

花嫁付き添い人として奔走するジェーン。新聞記者のケビンは、取材先で出会った彼女をネタに記事を書こうと画策する。

中級

A5 判 208 ページ
【978-4-89407-423-1】

シェーン

"Shane, Come back!" の名セリフを知らない人はいないはず！西部劇の名作中の名作！

中級

四六判変形 164 ページ
DVD 付
1,575 円 (税込)
【978-4-89407-458-3】

シャレード

パリを舞台に、夫の遺産を巡って繰り広げられるロマンチックなサスペンス。

中級

四六判変形 228 ページ
DVD 付
1,575 円 (税込)
【978-4-89407-430-3】

17 歳のカルテ

"境界性人格障害" と診断されたスザンナは、精神科に入院することに。そこで出会った風変わりな女性たちの青春物語。

中級

A5 判 179 ページ
【978-4-89407-327-2】

JUNO / ジュノ

ミネソタ州在住の 16 歳の女子高生ジュノは、同級生のポーリーと興味本位で一度だけしたセックスで妊娠してしまう。

上級

A5 判 156 ページ
【978-4-89407-420-0】

※ 2012 年 5 月現在

スクリーンプレイ出版物のご案内（スクリーンプレイ・シリーズ）

シンデレラマン
貧困の中、家族の幸せを願い、命を懸けて戦い抜いた男の半生を描く。実在のボクサー、ジム・ブラドックの奇跡の実話。

中級
A5 判 208 ページ
【978-4-89407-381-4】

スチュアート・リトル
リトル家に養子に来たのは何としゃべるネズミ。兄のジョージや猫のスノーベルらと冒険活劇を繰り広げる。

初級
A5 判 256 ページ
1,890 円 (税込)
【978-4-89407-244-2】

スーパーサイズ・ミー
1日3食、1か月間ファーストフードを食べ続けるとどうなる？ 最高で最悪な人体実験に挑むドキュメンタリー映画。

上級
A5 版 192 ページ
【978-4-89407-377-7】

スラムドッグ＄ミリオネア
インドのスラム出身のジャマールは「クイズ＄ミリオネア」に出場し最終問題まで進む。オスカー作品賞に輝く感動作。

上級
A5 判 168 ページ
【978-4-89407-428-6】

第三の男
誰もが耳にしたことがあるチターの名曲とともに、事件の幕があがる…。

中級
四六判変形 188 ページ
DVD 付
1,575 円 (税込)
【978-4-89407-460-6】

ダイ・ハード 4.0
全米のインフラ管理システムがハッキングされた。マクレーン警部補は史上最悪のサイバー・テロに巻き込まれていく…。

上級
A5 判 176 ページ
【978-4-89407-417-0】

ダークナイト ドット改訂版
新生バットマン・シリーズ第2作。最凶の犯罪者ジョーカーとバットマンの終わりなき戦いが始まる…。

中級
1,680 円 (税込)
四六判変形 200 ページ
【978-4-89407-468-2】

チャーリーズ エンジェル
謎の億万長者チャーリーが率いる、3人の美人私立探偵エンジェルズが披露する、抱腹絶倒の痛快アクション。

中級
A5 判 144 ページ
【978-4-89407-264-0】

ドリームキャッチャー
幼なじみのヘンリー、ジョーンジー、ピート、ビーヴァ。ある日山で遭難した男性を助けたことから、異生物との対決に巻き込まれる。

上級
A5 判 173 ページ
【978-4-89407-346-3】

ナイアガラ
ローズは、浮気相手と共謀し夫を事故に見せかけ殺害しようと企むが…。

中級
四六判変形 136 ページ
DVD 付
1,575 円 (税込)
【978-4-89407-433-0】

ナイト ミュージアム
何をやっても長続きしないダメ男ラリーが斡旋されたのは博物館の夜警の仕事。だがその博物館には秘密が隠されていた。

初級
A5 判 176 ページ
【978-4-89407-415-6】

バック・トゥ・ザ・フューチャー
高校生のマーティは30年前にタイムスリップし、若き日の両親のキューピットに。息もつかせぬ不滅の人気SFストーリー。

初級
A5 判 184 ページ
【978-4-89407-195-7】

ハート・ロッカー
イラク・バグダッドで活動しているアメリカ軍爆発物処理班の姿を描く。オスカー作品賞、監督賞に輝いた衝撃作！

中級
四六判変形 188 ページ
【978-4-89407-453-8】

評決
法廷は弱者にチャンスを与えるものという信念を胸に、権力を利用する相手に立ち向かう弁護士フランク。正義はどこに…。

上級
A5 判 122 ページ
【978-4-89407-012-7】

ザ・ファーム 法律事務所
ミッチはハーバード法律学校を首席で卒業、ある法律事務所から破格の待遇で採用を受けるが、陰謀劇に巻き込まれる。

上級
A5 判 216 ページ
【978-4-89407-169-8】

価格表示のないものは 1,260 円 (税込)

フィールド・オブ・ドリームス
アイオワ州で農業を営むレイは、ある日、天の声を聞く。以来、彼は、えも言われぬ不思議な力に導かれていくのであった。

中級
A5 判 96 ページ
【978-4-89407-082-0】

プラダを着た悪魔　ドット改訂版
ジャーナリスト志望のアンディが、一流ファッション誌の編集長ミランダのアシスタントとなった…。

中級
1,680 円 (税込)
四六判変形 200 ページ
【978-4-89407-466-8】

ミッション・インポッシブル
不可能な任務を可能にするスパイ集団 IMF。人気 TV ドラマ「スパイ大作戦」をベースにした傑作サスペンス・アクション。

中級
A5 判 164 ページ
【978-4-89407-148-3】

ミルク
アメリカで初めてゲイと公表して、公職についた男性ハーヴィー・ミルク。だが、その翌年最大の悲劇が彼を襲う…。

中級
四六判変形 192 ページ
【978-4-89407-435-4】

メイド・イン・マンハッタン
マンハッタンのホテルで客室係として働くマリサ。ある日次期大統領候補のクリスが宿泊に来たことでラブストーリーが始まる。

中級
A5 判 168 ページ
【978-4-89407-338-8】

欲望という名の電車
50 年代初頭のニューオリンズを舞台に「性と暴力」「精神的な病」をテーマとした作品。

上級
四六判変形 228 ページ
DVD 付
1,575 円 (税込)
【978-4-89407-459-0】

リトル・ミス・サンシャイン
フーヴァー家は、美少女コンテスト出場のため、おんぼろのミニバスでニューメキシコからカリフォルニアまで旅をする。

中級
A5 判 184 ページ
【978-4-89407-425-5】

レイン マン
チャーリーは父の遺産 300 万ドルを目当てに帰郷したとき、初めて自閉症の兄レイモンドの存在を知る。

最上級
A5 判 140 ページ
【978-4-89407-041-7】

レベッカ
後妻となった「私」は、次第にレベッカの見えない影に追い詰められていく…。

中級
四六判変形 216 ページ
DVD 付
1,575 円 (税込)
【978-4-89407-464-4】

ローマの休日　ドット改訂版
王女アンは、過密スケジュールに嫌気がさし、ローマ市街に抜け出す。A・ヘプバーン主演の名作。

1,470 円 (税込)
四六判変形 200 ページ
【978-4-89407-467-5】

若草物語
19 世紀半ばのアメリカ。貧しいながら幸せに暮らすマーチ家の四姉妹の成長を描く。

中級
四六判変形 224 ページ
DVD 付
1,575 円 (税込)
【978-4-89407-434-7】

ワーキング・ガール
NY の証券会社に勤める OL テスと、上司のエグゼクティブ・キャサリンの仕事と恋をめぐる戦いを描いたコメディー。

中級
A5 判 104 ページ
【978-4-89407-081-3】

ゴースト　～天国からのささやき　スピリチュアルガイド
全米を感動の渦に巻き込んでいるスピリチュアルドラマの公式ガイドブック。シーズン 1 からシーズン 3 までのエピソード内容を完全収録し、キャストやモデルとなった霊能力者へのインタビュー、製作の舞台裏、超常現象解説などを掲載したファン必読の一冊。

B5 判変形 178 ページ
2940 円 (税込)
【978-4-89407-444-6】

グラディエーター
第 73 回アカデミー作品賞受賞作『グラディエーター』のメイキング写真集。200 点以上の写真や絵コンテ、ラフ・スケッチ、コスチューム・スケッチ、セットの設計図、デジタル画像などのビジュアル素材に加え、製作陣への膨大なインタビューを掲載。

A4 判変形 160 ページ
2940 円 (税込)
【978-4-89407-254-1】

※ 2012 年 5 月現在

スクリーンプレイ出版物のご案内（その他出版物）

スクリーンプレイで学ぶ 映画英語シャドーイング

英語の音を徹底的に脳に覚えさせる学習法「シャドーイング」。映画のセリフで楽しく学習できます。

岡崎 弘信 著
A5判 216 ページ
CD-ROM 付
1,890 円（税込）
【978-4-89407-411-8】

音読したい、映画の英語

声に出して読みたい映画の名セリフを、50の映画から厳選してピックアップ。

映画英語教育学会／関西支部 著
藤江 善之 監修
B6判 224 ページ
1,260 円（税込）
【978-4-89407-375-3】

武士道と英語道

テストのスコアアップだけではない、いわば効果性に強い英語道のすべてを、武士道を通して解説。

松本 道弘 著
四六判変形 208 ページ
『サムライの秘密』DVD 付
3,990 円（税込）
【978-4-89407-379-1】

映画の中のマザーグース

176 本の映画に見つけた、86 編のマザーグース。英米人の心のふるさとを、映画の中に訪ねてみました。

鳥山 淳子 著
A5判 258 ページ
1,365 円（税込）
【978-4-89407-142-1】

もっと知りたいマザーグース

『映画の中のマザーグース』に続く第2作。映画だけでなく文学、ポップス、漫画とジャンルを広げての紹介。

鳥山 淳子 著
A5判 280 ページ
1,575 円（税込）
【978-4-89407-321-0】

映画でひもとく風と共に去りぬ

『風と共に去りぬ』のすべてがわかる『読む映画本』。世界中が感動した名セリフを英語と和訳で解説。裏話も紹介。

大井 龍 著
A5判 184 ページ
1,260 円（税込）
【978-4-89407-358-6】

映画の中のアメリカ星条旗

アメリカの現代社会について 100 のテーマを選びそれについて関係の深い映画の場面を紹介・解説しています。

八尋 春海 編著
A5判 240 ページ
1,575 円（税込）
【978-4-89407-399-9】

映画で学ぶ アメリカ文化

文化というとらえがたいものでも、映画を観ながらなら楽しんで学ぶことができます。アメリカ文化を解説した1冊。

八尋 春海 編著
A5判 264 ページ
1,575 円（税込）
【978-4-89407-219-0】

アメリカ映画解体新書

もう一度聴きたいあのセリフ、もう一度逢いたいあのキャラクターに学ぶ、人間・文化＆口語表現。

一色 真由美 著
A5判 272 ページ
1,575 円（税込）
【978-4-89407-167-4】

イギリスを語る映画

イギリスを舞台にした 30 本の映画を取り上げ、スクリーンに何気なく映し出される光景から感じられる文化や歴史を解説。

三谷 康之 著
B6判 172 ページ
1,575 円（税込）
【978-4-89407-241-1】

映画（シナリオ）の書き方

いいシナリオには秘密があります。アカデミー賞受賞映画を分析し、優れた映画シナリオの書き方をお教えします。

新田 晴彦 著
A5判 304 ページ
1,365 円（税込）
【978-4-89407-140-7】

スクリーンプレイ学習法

映画のセリフは日常で使われる生きた英語ばかり。本書では、映画シナリオを使った英会話学習法を全面解説。

新田 晴彦 著
A5判 212 ページ
1,835 円（税込）
【978-4-89407-001-1】

今どこにある危機

憲法改正、日米関係、イラク問題…今日本が直面している問題にナットクの解説！さらに素朴な疑問にも答える Q&A も。

舛添 要一 著
四六判変形 192 ページ
840 円（税込）
【978-4-89407-361-0】

映画で学ぶ アメリカ大統領

国際政治学者である筆者が、11 本もの大統領映画を通じてアメリカの大統領や政治、社会の仕組みを解説します。

舛添 要一 著
B6判変形 272 ページ
1,000 円（税込）
【978-4-89407-248-0】

映画を英語で楽しむための7つ道具

40 本の映画をコンピューターで分析。Give, Get など、7つの単語で英語のほとんどを理解・運用することができます。

吉成 雄一郎 著
B6判 208 ページ
1,260 円（税込）
【978-4-89407-163-6】

174

使える！英単語

『ダイハード』をドキドキ楽しみながら、英単語を身につけよう。単語帳では覚えられなかった単語もバッチリ定着。

山口 重彦 著
A5判 200ページ
1,325円(税込)
【978-4-89407-128-5】

映画で学ぶ英語熟語150

重要英語表現150項目が、おもしろいほどよくわかる！ロッキー・シリーズで覚える、全く新しい英語熟語攻略法。

山口 重彦 著
A5判 148ページ
1,835円(税込)
【978-4-89407-013-4】

海外旅行の必修英会話120

映画だからできる海外旅行疑似体験。そこで交わされる会話をマスターすれば、もう海外旅行も恐くない。

萩原 一郎 著
B6判 248ページ
1,325円(税込)
【978-4-89407-010-3】

映画で学ぶ中学英文法

本書は「スターウォーズ」シリーズ(エピソード4～6)から100シーンを選び、それぞれの中学重要英文法を詳しく解説。

内村 修 著
A5判 222ページ
1,835円(税込)
【978-4-89407-006-6】

中学生のためのイディオム学習

中学3年間でマスターしておきたい重要イディオム171項目を映画からの実例と合わせ、詳しく解説しました。

山上 登美子 著
B6判 217ページ
1,325円(税込)
【978-4-89407-011-0】

高校生のためのイディオム学習

教科書だけではピンとこなかったイディオムも、映画で確認すれば、よくわかる！頻出イディオムなんて恐くない？

山上 登美子 著
B6判 209ページ
1,325円(税込)
【978-4-89407-017-2】

ビジネスマンの英会話

ビジネスにおける様々な状況を映画の中から選び、日本人が積極的に使いこなしたい表現を集めました。

木村 哲也 編著
B6判 196ページ
999円(税込)
【978-4-89407-090-5】

映画英語教育のすすめ

英会話オーラル・コミュニケーション教育に「映画」を利用することがされています。全国の英語教師必読の書。

スクリーンプレイ編集部 著
B6判 218ページ
1,325円(税込)
【978-4-89407-111-7】

結婚・家庭・夫婦の会話

夫婦や家族間の会話を中心に取り上げ、皮肉やジョークなど多種多様な表現を盛り込みました。

新田 晴彦 著
B6判 266ページ
999円(税込)
【978-4-89407-078-2】

これでナットク！前置詞・副詞

日本人にはなかなか理解しづらい前置詞・副詞を、映画での用例を参考に、図解を用いてわかりやすく解説。

福田 稔 著
B6判 180ページ
1,325円(税込)
【978-4-89407-108-7】

フリーズの本

聞き取れないと危険な言葉、ぜひ覚えておきたい表現を、アメリカ英語から集めた1冊。

木村 哲也／
山田 均 共著
B6判 184ページ
999円(税込)
【978-4-89407-073-8】

アメリカ留学これだけ覚えれば安心だ

「フリーズの本」の続編知らないと危険な単語や表現、アメリカで安全に生活するための情報を満載。

新田 晴彦 著
B6判 236ページ
1,325円(税込)
【978-4-89407-104-9】

中国を制す自動車メーカーが世界を制す

年間販売1,000万台を超過した中国自動車市場。日本自動車産業に勝算はあるか？中国モータリゼーションの解説書。

周 政毅 監修
A5判 320ページ
1,260円(税込)
【978-4-89407-442-2】

プリウス or インサイト

国産エコカーの両雄がガチンコ勝負の真っ最中！迷っている人のために60日間乗り比べ、完全比較。

福田 将宏 監修
B6判 300ページ
998円(税込)
【978-4-89407-438-5】

ビッグスリー崩壊

世界自動車産業を30年にわたって調査研究してきた著者が、そもそもの震源地で、いったい何が起こっているのか、を解明。

久保 鉄男 著
A5判 304ページ
1,890円(税込)
【978-4-89407-429-3】

※2012年5月現在

【著者紹介】(50 音順)

阿久津仁史：東京都文京区立茗台中学校、著書：英語の授業づくりアイデアブック(8)中学2年自己表現とコミュニケーション(共著)

遠藤由佳里：東京福祉保育専門学校

大井龍：映画英語学習サークルEnglist 、著書：英語でひもとく風と共に去りぬ、ディスプレイと機能性色素(共著)

大月敦子：相模女子大学・専修大学、著書：イヴの世界(共著)、リトル・ミス・サンシャイン(共著)、英文ライティングハンドブック(共著)、総合英語Ⅰ・Ⅱ・Ⅲ・Ⅳ(共著)

小野寺知和子：翻訳家

嘉来純一：早稲田大学本庄高等学院

カレイラ松崎順子：東京未来大学、著書：Bright and Early: Classroom English for Teachers of Children - 子どもに英語を教えるための教室英語、初級ポルトガル実践トレーニング(共著)、しっかり学ぶポルトガル語——文法と練習問題、CD Book ポルトガル語会話フレーズブック (共著)

小瀬百合子：中央大学・清泉女子大学・獨協大学

佐藤みか子：桜美林中学高等学校

清水純子：慶応義塾大学、著書：アメリカン・リビドー・シアター：蹂躙された欲望、様々なる欲望：フロイト理論で読むユージン・オニール

東海林康彦：映画英語アナリスト、著書：グラディエーター(共訳)、GOSFORD PARK ゴスフォード・パーク(コメント)

鈴木政浩：西武文理大学、著書：高等教育における英語授業の研究、英語教育大系第11巻、英語授業デザイン

瀧口優：白梅学園短期大学、著書：「苦手」を「好き」に変える英語授業、「特区」に見る小学校英語

塚田三千代：映画・映画英語アナリスト、著書：シンデレラマン(監修・共著)、ゴスフォード・パーク(監修・共著)、グラディエーター：リドリー・スコットの世界(監修・共訳)、母と子の英会話教室：映画で学ぶ生きた英語表現

堤龍一郎：目白大学、著書：映画技法のリテラシー＜１＞映像の法則、映画技法のリテラシー＜２＞物語とクリティック (共訳)

原田知子：武蔵野音楽大学、著書：入試英語問題総演習CHARGE！

藤田久美子：白梅学園大学・短期大学

堀恵美子：豊島区立駒込中学校

メイスみよ子：聖学院大学、著書：アメリカンスピリッツインムービーズ American Spirits in Movies 名作映画で学ぶアメリカの心(共著)、TOEIC TEST に挑戦 - リーディング (共著)

守屋昌彦：東京都立中央ろう学校

安田義弘：茨城県立江戸埼総合高等学校

吉田雅之：早稲田大学、著書：文部科学省検定中学英語教科書「Columbus 21 」(共著)、スーパートリビア事典 (共訳)

吉牟田聡美：帝京大学・聖学院大学

渡邊信：麗澤大学、著書：英語と文法と (共著)、意味と形のインターフェイス (共著)

表紙イメージ
(c)KEIKO NAGANO/ amanaimages

映画英語授業デザイン集

2012 年 5月18日初版第1刷
監　　修　　映画英語教育学会東日本支部
編　集　者　　岸本和馬、鯰江佳子
発　行　者　　鈴木雅夫
発　売　所　　株式会社フォーイン スクリーンプレイ事業部
　　　　　　〒464-0025 名古屋市千種区桜が丘292
　　　　　　TEL:(052)789-1255 FAX:(052)789-1254
　　　　　　振替:00860-3-99759
印　刷製本　　株式会社チューエツ

定価はカバーに表示してあります。
無断で複写、転載することを禁じます。
乱丁、落丁本はお取り替えいたします。
Printed in Japan
ISBN978-4-89407-472-9